Poppy O'Neill

Ich muss keine Angst haben

1. Auflage 2022

Türkenstraße 89, 80799 München
info@yes-publishing.de

Redaktion: Caroline Kazianka
Umschlaggestaltung: Ivan Kurylenko (hortasar covers)
Satz: Carsten Klein, Torgau

Druck: Florjancic Tisk d.o.o., Slowenien
Printed in the EU

ISBN Print 978-3-96905-171-9
ISBN E-Book (EPUB, Mobi) 978-3-96905-173-3
ISBN E-Book (PDF) 978-3-96905-172-6

Poppy O’Neill

Ich muss keine Angst haben

Das Mitmachbuch für Kinder

Aus dem Englischen von Melanie Schirdewahn

YES

INHALT

VORWORT

Von der Beraterin und Psychotherapeutin Amanda Ashman-Wymbs, zertifiziert durch die Britische Gesellschaft für Beratung und Psychotherapie (BACP)

Ich bin Mutter von zwei Töchtern und arbeite seit über zehn Jahren als Therapeutin im öffentlichen und privaten Sektor – häufig mit Kindern und Jugendlichen. In meiner Arbeit konnte ich hautnah miterleben, wie verbreitet Angstzustände bei Kindern sind und wie überfordert sowohl Kinder als auch Eltern oft damit sind, die Symptome und Ursachen zu verstehen, mit den Problemen umzugehen und sich Hilfe zu suchen.

Das Buch *Ich muss keine Angst haben* von Poppy O'Neill ist ein schönes, kindgerechtes Mitmachbuch, das Kinder allein oder mit Unterstützung ihrer Eltern oder Betreuenden durcharbeiten können. Es ist klar und verständlich aufgebaut und vermittelt Kindern anhand von Übungen und Beispielen, wie sie angstvolle Gefühle, Gedanken und Erfahrungen überwinden können. Besonders gut gefallen mir die vielen aufmunternden Bemerkungen, die das ganze Buch durchziehen, und die Beispiele, wie andere Kinder mit ihren Ängsten umgegangen sind. Zu erfahren, dass man nicht der einzige Mensch auf dieser Welt mit solchen Ängsten ist – was betroffene Kinder gern glauben –, kann ungemein tröstlich sein.

Angstgefühle und -gedanken kreisen in der Regel um Dinge, die in der Zukunft passieren *könnten*. Achtsamkeitsübungen sind beim Umgang und bei der Überwindung von Angstsymptomen deshalb sehr wirksam. Je besser Kinder sich durch die Beschäftigung mit ihrem Atem, ihrem Körper und ihren Sinnen mit der Realität und dem Hier und Jetzt verbinden können, desto schneller finden sie wieder zu Ruhe und Ausgeglichenheit zurück.

Ich muss keine Angst haben ist ein wertvolles Selbsthilfebuch, das Kinder durch schwierige Zeiten bringen kann.

EINLEITUNG FÜR ELTERN UND BETREUENDE

Über dieses Buch

Ich muss keine Angst haben ist ein inspirierendes Mitmachbuch für Kinder zum Thema Angst. Auf der Grundlage von Techniken aus der kognitiven Verhaltenstherapie, die von Kinderpsychologen entwickelt wurden, lernen Kinder anhand von einfachen Übungen und bestärkenden Texten, angstbedingte Gefühle und Gedanken zu überwinden.

Angst ist ein evolutionäres Phänomen, das auf die Anfänge der Menschheit zurückgeht – eine Zeit, in der es unsere höhlenbewohnenden Vorfahren das Leben kosten konnte, wenn sie mögliche Bedrohungen, wie einen Säbelzahntiger, nicht wahrnahmen. Auch uns modernen Menschen kann die Angst helfen, vernünftige Entscheidungen zu treffen und gefährliche Situationen zu vermeiden. Wenn die Angst jedoch ein normales Maß übersteigt und das alltägliche Leben beeinträchtigt, kann sie zum Problem werden. Wir alle haben kleine und große Sorgen. Allerdings scheint Ihr Kind – weil Sie dieses Buch in Händen halten – etwas mehr zu Ängsten und Phobien zu neigen als andere in seinem Alter. So sehr Sie es auch beruhigen und beschwichtigen, gewisse Ängste wird es einfach nicht los. Angstzustände folgen keiner Logik, sie können sich auf reale oder irreale Dinge beziehen und sind für Kinder oft schwer zu erklären oder abzuschütteln.

Im Kleinkindalter haben Kinder häufig mit Trennungsängsten zu kämpfen, vielleicht haben Sie das bei Ihrem kleinen Schatz auch schon festgestellt. Kleinkinder weinen oft oder werden besonders anhänglich, wenn es zu einer Trennungssituation kommt, es beispielsweise in die Kita geht. Trennungsangst ist eine ganz normale und gesunde Entwicklungsphase und kann sich auf unterschiedliche Weise äußern. Manchmal bleibt es aber nicht bei einer

Phase und die Angst dauert an, was dem Kind großen Kummer bereiten kann.

Dieses Buch richtet sich an Kinder zwischen sieben und elf Jahren, einem Alter, in dem es gefühlt viel Grund zur Sorge gibt. Leistungsdruck in der Schule, Probleme in Freundschaften, körperliche Veränderungen, ein größeres Interesse an der eigenen optischen Attraktivität und der von anderen – all das ist neu und kann teilweise beängstigend wirken. Zudem fangen Kinder in diesem Alter oft mit der Nutzung sozialer Medien an und entwickeln ein Bewusstsein für die Welt im Ganzen mit ihren Problemen und Herausforderungen. Eigentlich kein Wunder, dass diese Erfahrungen Angst machen können.

Anzeichen für Ängste

Wenn die folgenden Anzeichen bei Ihrem Kind permanent oder in bestimmten Situationen auftreten, könnte dies auf Angstzustände hindeuten.

- Es ist sehr zögerlich, wenn es darum geht, neue Dinge auszuprobieren.
- Es hat Schwierigkeiten damit, die Herausforderungen des Alltags zu meistern.
- Es kann sich nur schwer konzentrieren.
- Es leidet an Schlaf- oder Essstörungen.
- Es neigt zu Wutausbrüchen.
- Es entwickelt häufig angstvolle Gedanken, die es nicht mehr aus dem Kopf bekommt.
- Es macht sich übermäßig viele Sorgen, dass etwas Schlimmes passieren könnte.

- Es weigert sich, in die Schule zu gehen, Freunde zu treffen oder draußen zu spielen.

- Es braucht ständig Zuwendung und Anerkennung.

Ich empfehle Ihnen, sich Notizen zu machen, wenn Sie derartige Verhaltensweisen bemerken. Wo waren Sie? Was ist davor passiert oder was stand kurz bevor? Auf diese Weise finden Sie heraus, ob es eine wiederkehrende Situation gibt, die Ihrem Kind Angst einflößt.

Bedenken Sie, dass es für Kinder manchmal schwierig ist, über Ängste zu sprechen. Es ist aber nie zu spät, die Überwindung der Ängste anzugehen.

Sprechen Sie miteinander!

Wenn ein Kind unter Ängsten leidet, ist die Versuchung groß, es von dem abzuschirmen, was ihm Angst macht. Instinktiv würde man vielleicht am liebsten sagen: »Wenn du Angst davor hast, zum Kindergeburtstag zu gehen, dann bleib eben zu Hause.« Doch wenn Sie Ihr Kind wie ein rohes Ei behandeln, vermitteln Sie ihm auch, dass es aufgrund seiner Angstgefühle nicht in der Lage ist, Schwierigkeiten eigenständig zu überwinden.

Es ist wichtig, mit dem Kind über seine Ängste zu reden und mögliche schwierige Situationen im Vorfeld in Ruhe zu besprechen, um zum Kern seiner Angst vorzudringen. Konzentrieren Sie sich auf Lösungen und realistische Ergebnisse und nicht auf all die Dinge, die schiefgehen könnten. Bieten Sie Ihre Unterstützung an und lassen Sie Ihr Kind wissen, dass Sie es ernst nehmen und gemeinsam mit ihm an der Lösung des Problems arbeiten. Es ist wichtig, dass Kinder lernen, mit negativen Gedanken und Gefühlen umzugehen, damit sie sich zu selbstständigen, selbstbewussten jungen Menschen entwickeln können.

Erste Schritte

Begleiten Sie Ihr Kind durch die Kapitel und Übungen in diesem Buch und nehmen Sie sich – einmal pro Woche oder alle paar Tage – immer nur ein Kapitel vor. Lassen Sie Ihr Kind das Tempo selbst bestimmen und die Aufgaben eigenständig lösen. Das ist wichtig, denn wenn Sie die Selbstständigkeit Ihres kleinen Schatzes fördern, zeigen Sie ihm, dass er in der Lage ist, schwierige Situationen selbst zu meistern. Die Übungen sollen Ihr Kind dazu anregen, über sich und seinen Umgang mit Sorgen und Ängsten nachzudenken. Wenn Kinder in sich ruhen und sich selbst vertrauen, sind sie für die Herausforderungen des täglichen Lebens viel besser gerüstet. Sagen Sie Ihrem Kind, dass es Ihre uneingeschränkte Unterstützung hat und dass Sie seine Ängste ernst nehmen, auch wenn sie Ihnen selbst vielleicht unbegründet erscheinen. Helfen Sie Ihrem Schatz, sich neue Gewohnheiten anzueignen, damit er seine Probleme eigenständig bewältigen kann. Sie werden sehen, wie sein Selbstvertrauen stetig wächst.

Mit diesem Buch möchte ich Ihnen und Ihrem Kind dabei helfen, Angstgefühle und -gedanken zu verstehen und zu überwinden. Falls Sie sich jedoch ernsthafte Sorgen um die psychische Gesundheit Ihres Kindes machen und die Probleme über das hinausgehen, was in diesem Buch behandelt wird, sollten Sie sich für eine weitergehende Beratung an Ihren Kinderarzt oder Hausarzt wenden.

WIE UMGEHEN MIT DIESEM BUCH – EINLEITUNG FÜR KINDER

Dieses Buch kann dir helfen, wenn …

- du oft nervös, besorgt oder ängstlich bist
- du ständig ängstliche Gedanken im Kopf hast
- du Angst hast, dich auch nur kurz von deinen Eltern oder Betreuenden zu trennen
- du dich vor lauter Sorge müde oder krank fühlst
- du vor Angst nicht mehr an schönen Aktivitäten teilnimmst

Kommen dir diese Dinge bekannt vor? Geht es dir auch manchmal so – oder vielleicht sogar oft? Dann gibt es in diesem Buch jede Menge Übungen und Tipps, die dir helfen können, deine Ängste zu überwinden und mutiger und selbstbewusster zu werden. Mach dir aber bitte keinen Druck, sondern erledige die Aufgaben in deinem eigenen Tempo.

Wenn du an einer Stelle nicht weiterkommst oder jemanden zum Zuhören brauchst, bitte einen Erwachsenen um Hilfe, dem du vertraust. Das könnte deine Mutter oder dein Vater sein. Aber auch dein großer Bruder, deine große Schwester, ein Lehrer, eine Betreuerin, deine Oma, dein Onkel, eine Nachbarin oder irgendein Erwachsener, den du gut kennst und mit dem du gut reden kannst.

ZIFF, DAS MONSTER

Hallo, ich heiße Ziff und begleite dich durch dieses Buch. Ich freue mich schon sehr darauf, dir alle Mitmachübungen und die tollen Tipps und Tricks zu zeigen. Bist du bereit? Dann los!

TEIL 1: WAS IST EIGENTLICH ANGST?

In diesem Kapitel lernen wir alles über Angst. Was ist Angst, wie fühlt sie sich an und warum haben wir sie?

Bestimmt hast du ganz viele Fragen zum Thema Angst. Wie wäre es, wenn wir alles Schritt für Schritt durchgehen, damit die Fragezeichen aus deinem Kopf verschwinden? Klingt das gut?

ÜBUNG: ÜBER MICH

Verrate mir doch bitte etwas mehr über dich!

Ich heiße …

Ich bin ___ Jahre alt.

Zu meiner Familie gehören …

Ich mag ...

Meine Hobbys sind ...

Ich kann richtig gut ...

ICH MAG MICH

Was sind Gefühle?

Menschen können sehr viele verschiedene Gefühle haben. Außerdem können sich Gefühle ändern, je nachdem, was du erlebst oder welche Gedanken dir im Kopf herumschwirren.

- Gefühle können winzig sein, so klein, dass du sie kaum spürst. Sie können aber auch riesengroß sein und in deinem Körper ein richtiges Chaos anrichten. Manche Gefühle sind unangenehm, andere fühlen sich gut an.

- Jeder Mensch hat Gefühle. Man kann anderen aber nicht immer ansehen, welche Gefühle sie gerade haben.

- Gefühle können dich richtiggehend überrollen und deinen ganzen Körper beherrschen. Das führt dann manchmal dazu, dass du dich nicht gut fühlst oder schlechte Gedanken hast.

- Gefühle sind ganz natürlich, und du solltest sie nicht unterdrücken, auch wenn sie sich nicht gut anfühlen. Vergiss nicht: Jeder ist mal traurig oder wütend!

Damit wir mit anderen über unsere Gefühle reden können, müssen wir die richtigen Wörter dafür kennen. Überleg mal, welche Farbe die Gefühle unten haben könnten. Mal die Kreise dann in diesen Farben aus.

glücklich

traurig

wütend

schüchtern

nervös

neugierig

überrascht

ruhig

ängstlich

dankbar

selbstbewusst

stolz

Fallen dir noch andere Gefühle ein? Schreib sie in diese Kreise!

Warum macht man sich überhaupt Sorgen?

Jeder Mensch hat an jedem Tag ganz viele Gefühle. Manchmal ist es aber so, dass sich die schlechten Gefühle im Kopf zu einem Berg auftürmen und viel mehr Platz einnehmen als die guten Gefühle. Das kann dazu führen, dass wir uns große Sorgen machen.

Was fühlst du gerade jetzt? Schreib so viele Gefühle auf, wie du möchtest. Zum Beispiel ruhig, traurig, hungrig …

Kennst du das auch? Du hast Sorgen, und diese Sorgen gehen dir nicht mehr aus dem Kopf. Sie beherrschen dich so sehr, dass du an nichts anderes mehr denken kannst. Sorgen kann man sich über alles Mögliche machen. Zum Beispiel darüber, dass sich eine unangenehme Situation wiederholt oder dass einem geliebten Menschen etwas Schlimmes zustößt. Manche Menschen haben so viel Angst vor der Dunkelheit, dass sie sich beim Gedanken daran schon ganz schrecklich fühlen.

Es gibt auch Leute, die gar nicht wissen, warum sie eigentlich Angst haben und woher die Ängste kommen. Und viele glauben, dass niemand ihre Sorgen verstehen kann.

Dabei ist es etwas ganz Normales, Angst oder Sorgen zu haben! Angst ist sogar ein sehr wichtiges Gefühl, weil sie dich vor Gefahren schützen und dir helfen kann, die richtigen Entscheidungen zu treffen. Früher war Angst für den Menschen überlebenswichtig, weil sie dafür gesorgt hat, dass man gefährlichen Situationen aus dem Weg gegangen ist.

All diese Emojis drücken Angst aus.

In der Steinzeit war Angst wichtig, um sich vor Säbelzahntigern in Acht zu nehmen.

Heute reagiert dein Körper auf Sorgen genauso wie früher auf den Anblick des Tigers.

ICH KANN ETWAS VERÄNDERN

ÜBUNG: WAS FÜHLT ZIFF?

Ziffs Freunde lassen ihn heute nicht mitspielen und laufen vor ihm weg. Schreib bitte auf, wie sich Ziff jetzt wohl fühlt.

Tolle Antworten! Wenn andere gemein zu dir sind, kann das alle möglichen Gefühle auslösen. An unangenehme Situationen erinnert man sich noch lange, und das führt dazu, dass man Angst davor hat, sie könnten wieder passieren.

Wie fühlt sich Angst an?

Angst kann viele verschiedene Gefühle und auch körperliche Reaktionen auslösen.

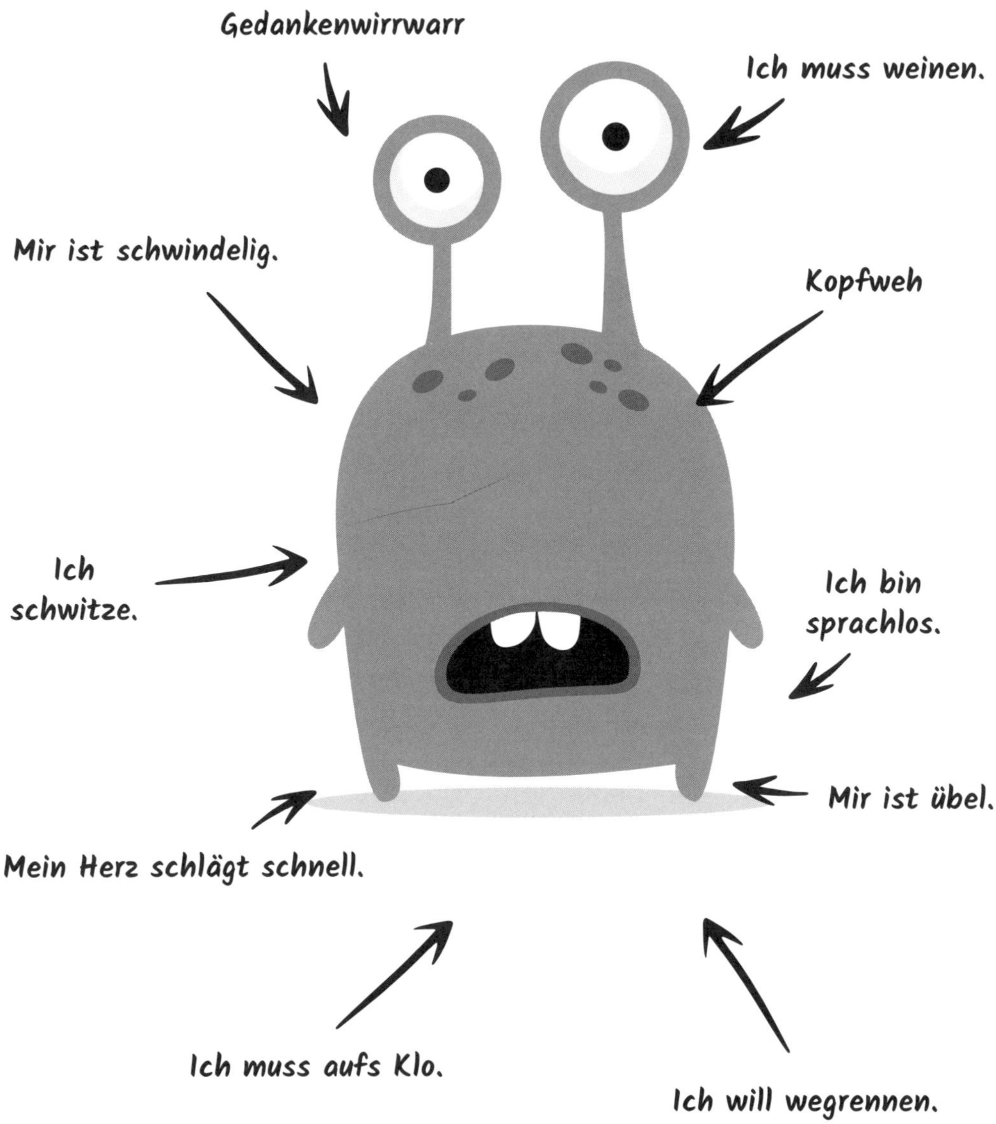

Wovor haben Kinder Angst?

Du machst dir Sorgen und hast Ängste? Damit bist du nicht allein! Alle Kinder haben Ängste, aber man kann es einem Kind nicht ansehen, welche Angst es hat. Hier habe ich ein paar Dinge aufgelistet, vor denen Kinder in deinem Alter oft Angst haben:

- Verbrecher
- Gespenster
- zu Hause ganz allein sein
- sterben
- krank werden
- schlechte Noten bekommen
- sich in der Schule übergeben müssen
- von Freunden ausgeschlossen werden

Machen dir diese Dinge auch Angst? Oder findest du sie nicht so schlimm? Vielleicht stehen die Dinge, vor denen du Angst hast, gar nicht auf dieser Liste? Das Gehirn ist schließlich eine sehr komplizierte Sache, und jeder macht sich über andere Dinge Sorgen!

Es gibt viele verschiedene Arten von Ängsten …

- Manche Kinder haben vor einer bestimmten Sache sehr viel Angst.
- Andere Kinder machen sich ständig Sorgen und haben dauernd ein bisschen Angst.
- Es gibt auch Kinder, die große Angst davor haben, von ihren Eltern getrennt zu werden oder neue Menschen kennenzulernen.
- Manche Kinder haben Angst davor, dass ihnen selbst oder den Menschen, die sie lieben, etwas Schlimmes zustößt.
- Einige Kinder müssen ständig irgendwelche Dinge kontrollieren oder erledigen, weil sie glauben, dass etwas Schlimmes passiert, wenn sie es nicht tun.

Manche Kinder haben Angst davor, dass sie irgendetwas Schlimmes tun könnten, zum Beispiel sich selbst oder anderen wehtun. Wenn du so etwas auch manchmal denkst, dann vergiss bitte nicht: **Gedanken sind keine Tatsachen**. Nur weil du dir diese Dinge vorstellst, heißt das noch lange nicht, dass sie auch passieren werden. Nimm dir in solchen Situationen einen Moment Zeit und atme ein paar Mal tief ein und aus. Manchmal hilft es auch, mit einem Erwachsenen über seine Sorgen und Ängste zu reden.

Wenn dir oder jemandem, den du sehr lieb hast, etwas Schlimmes passiert ist, dann glaubst du vielleicht, dass das deine Schuld war oder so etwas noch einmal geschehen könnte. Das ist eine ganz normale Reaktion und das beste Mittel, um dir weniger Sorgen zu machen, ist, darüber zu reden. Ein Erwachsener, dem du vertraust, wird dir zuhören und kann dir helfen, deine Sorgen besser zu verstehen.

JEDER HAT ÄNGSTE

ÜBUNG: MEINE ÄNGSTE

Jeder Mensch hat vor anderen Dingen Angst. Manche nur vor einer bestimmten Sache, andere vor vielen verschiedenen Dingen.

Hier kommen zwei Beispiele:

Marlon hat Angst, krank zu werden. Wenn er mitbekommt, dass jemand krank ist, hat er große Angst davor, sich anzustecken. Dann isst er nicht mehr richtig und wäscht sich unnötig oft die Hände.

Natalia hat Angst davor, dass sich irgendetwas unter ihrem Bett versteckt. Sie fühlt sich dann wie gelähmt und traut sich nicht, nachzusehen. Weil es dunkel ist, hat sie auch Angst davor, aus dem Bett zu steigen und zu ihren Eltern zu gehen. Oft kann sie nicht einschlafen, weil sie die ganze Zeit an das Gespenst unter ihrem Bett denkt.

Wann hast du Angst? Schreib oder mal einfach alles auf, was dir einfällt.

Beispiel: Wenn meine Mutter nicht da ist.

Was machst du, wenn du Angst hast? Schreib oder mal hier alles auf, was dir dazu einfällt.

Beispiel: Ich bleibe die ganze Zeit in der Nähe von Papa und frage ihn oft, wann Mama zurückkommt und ob es ihr gut geht.

Wenn man Angst hat, tut man manchmal irgendetwas, um sich in dem Moment besser zu fühlen. Nur leider ändert das nichts an dem Grundgefühl, das man hat, nämlich der Angst. Beim nächsten Mal, wenn eine ähnliche Situation kommt, hat man dann wieder genauso viel Angst wie vorher. Später im Buch (ab Seite 67) schauen wir uns an, wie man seine Angst besiegen kann, indem man sein Verhalten und seine Gedanken verändert.

Panikattacken

Manchmal wird die Angst so groß, dass man glaubt, die Kontrolle über den eigenen Körper zu verlieren. Dann hat man eine sogenannte **Panikattacke**.

Bei einer Panikattacke spielt dein Körper verrückt: Dir wird schwindelig, heiß oder übel, und dein Herz rast.

Panikattacken dauern aber nur kurz an und können deinem Körper nicht wirklich schaden – auch wenn es sich vielleicht so anfühlt. Wenn du merkst, dass du eine Panikattacke bekommst, solltest du Folgendes tun:

1. Bitte jemanden in deiner Nähe um Hilfe – vielleicht hilft es dir, wenn sich jemand neben dich setzt, dich tröstet und beruhigt.
2. Schließ die Augen.
3. Denk daran, dass die Panikattacke gleich wieder vorbei ist und dass sie dir nicht schaden kann.
4. Atme ganz bewusst. Atme ein und zähle dabei bis fünf. Atme dann ganz langsam wieder aus: 1, 2, 3, 4, 5.
5. Wenn die Panikattacke vorüber ist, bist du vielleicht müde oder hast Durst. Lass dir Zeit, um dich ein bisschen zu entspannen. Wenn du dich beruhigt hast, kannst du einfach mit dem weitermachen, was du vorher getan hast.

Später im Buch (Seite 41) zeige ich dir einige tolle Tricks, wie du dich beruhigen kannst, wenn die Angst zu groß wird.

UNANGENEHME GEFÜHLE SIND NORMAL UND GEHEN SCHNELL VORBEI

TEIL 2: WIE UMGEHEN MIT ANGST?

In diesem Kapitel finden wir gemeinsam heraus, wie sich Angst anfühlt und wie du dich selbst beruhigen kannst.

ÜBUNG: GLÜCK ODER ANGST

Was geht in deinem Gehirn vor, wenn du glücklich bist? Woran denkst du dann? An deine Familie, ein schönes Erlebnis oder vielleicht dein liebstes Hobby? Schreib, mal oder zeichne alles in dein glückliches Gehirn hinein:

Was geht in deinem Gehirn vor, wenn du Angst hast? Woran denkst du dann?

An ein unangenehmes Erlebnis oder an etwas Schlimmes, das passieren kann?

Schreib, mal oder zeichne alles in dein ängstliches Gehirn hinein:

Dein glückliches und dein ängstliches Gehirn sehen ganz anders aus. Unsere Gedanken rufen unterschiedliche Gefühle hervor, und je nachdem, was du fühlst, verhält sich dein Gehirn anders.

ICH DARF
FEHLER MACHEN

Hör auf deinen Körper und deinen Geist

Das Gefühl der Angst entsteht in einem Teil des Gehirns, der deine Gefühle kontrolliert. Wenn dein Gehirn eine Gefahr erkennt, sendet das Kontrollzentrum im Gehirn Signale an den ganzen Körper. Es gibt aber nicht immer eine echte Gefahr. Auch wenn du dir einfach nur Sorgen machst, sendet das Gehirn diese Signale, und der Körper reagiert dann mit Herzklopfen, Schwitzen oder Übelkeit.

Wenn du spürst, dass du Angst bekommst, dann versuche, nicht in Panik zu geraten. Die folgenden Tricks helfen dir, dich zu beruhigen, wo immer und wann immer du es brauchst.

- Zähle von zehn rückwärts bis null.
- Denk an den Boden unter deinen Füßen. Kannst du ihn spüren? Wie fühlt er sich an?
- Stell dir eine heiße Tasse Kakao vor. Atme durch die Nase ein, um ihren Duft zu riechen, und durch den Mund aus, um sie abzukühlen.
- Schließ die Augen und stell dir einen schönen Garten vor. Welche Blumen und Pflanzen wachsen dort? Versuche, möglichst viele Dinge wahrzunehmen.
- Schau dich um und suche vier Dinge, die du sehen kannst, dann drei Dinge, die du hören kannst, zwei, die du berühren kannst, und ein Ding, das du riechen kannst. Sag den Namen aller Dinge, die du entdeckt hast – entweder laut oder im Stillen.

WENN DU ANGST HAST UND NICHT WEIẞT, WAS DU TUN SOLLST, SUCH DIR HILFE

Der Angst-Berg

Wenn die Angst in dir immer größer wird, ist das wirklich kein schönes Gefühl. Meistens verläuft Angst aber in der Form eines Berges, so wie hier:

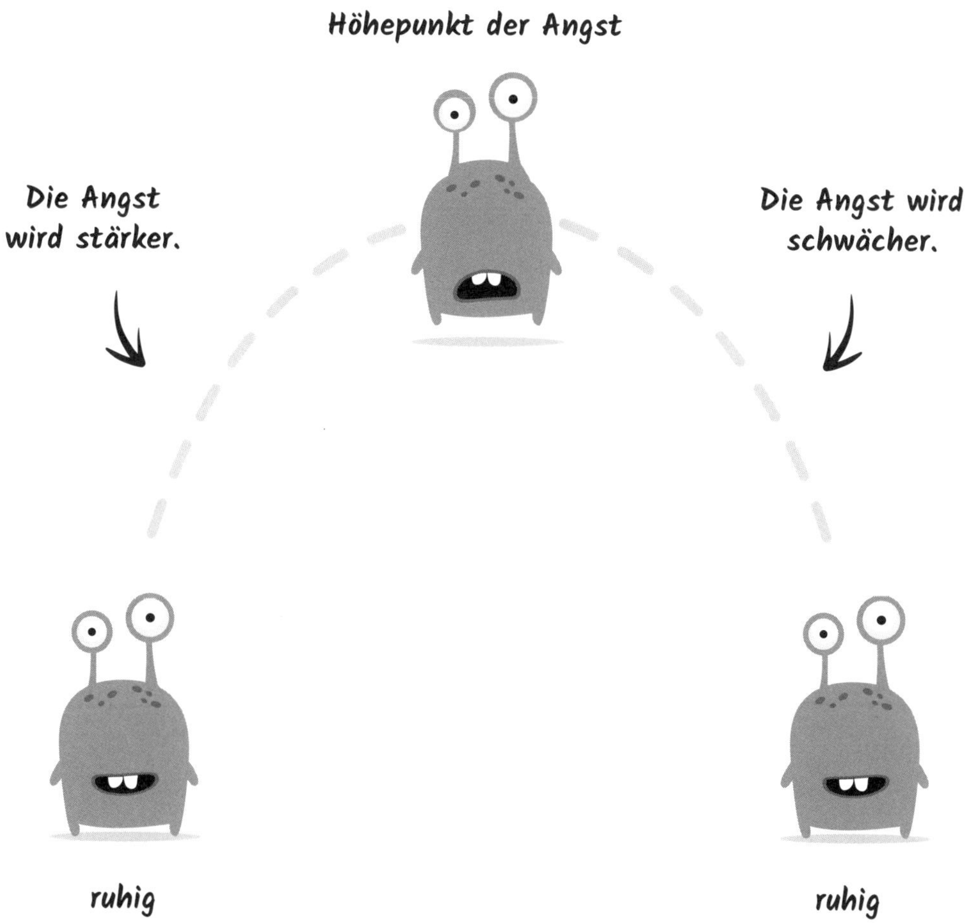

Wenn du spürst, wie sich die Angst in dir langsam zu einem Berg auftürmt, stell dir Folgendes vor: Der höchste Punkt des Berges ist auch der höchste Punkt deiner Angst. Wenn du diesen Punkt erreicht hast, weißt du, dass die Angst nicht mehr lange anhalten wird und sie langsam wieder kleiner wird und verschwindet. Das wirkt sehr beruhigend.

ÜBUNG: HANDUMRISS-ATMUNG

Diese einfache Übung kannst du überall und jederzeit machen. Wenn du kurz die Luft anhältst, beruhigt sich dein Körper und die Angst wird schwächer.

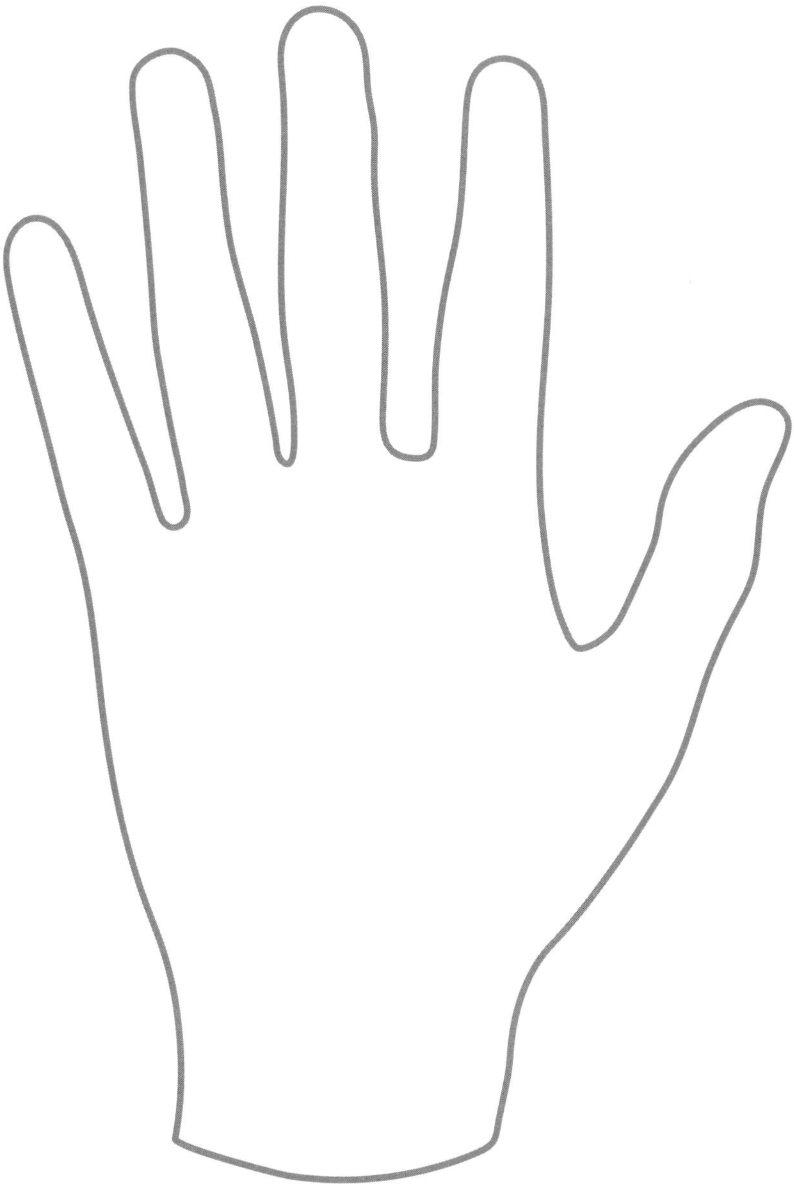

- Leg deine Hand auf den Umriss auf der vorherigen Seite.
- Fahre mit dem Zeigefinger der anderen Hand an den Fingern auf dem Blatt entlang.
- Atme ein, wenn du mit dem Finger nach oben gehst.
- Halte den Atem an der Fingerspitze kurz an.
- Atme aus, während du mit dem Finger wieder nach unten gehst.
- Mach das so lange, bis du alle Finger an der Hand nachgezeichnet hast.

Du kannst auch deinen eigenen Handumriss für diese Atemübung nutzen. Leg einfach deine Hand auf ein Stück Papier und zeichne mit einem Stift einmal um alle Finger. Oder bemal deine Handfläche mit Farbe und drücke sie fest auf ein Papier, um einen Handabdruck zu machen. Wenn du willst, kannst du deinen Handumriss ausmalen oder ausschneiden. Bewahre ihn gut auf, damit du ihn immer wieder verwenden kannst.

ÜBUNG: MEIN SCHLACHTRUF!

Ängste zu überwinden, ist ganz schon schwierig. Aber du bist nicht allein! Du hast sogar ein ganzes Team, das dich unterstützt: deine Familie und viele andere Menschen, denen du vertraust und die dir gerne helfen.

Wie wäre es, wenn du dir einen Schlachtruf ausdenkst, der dir hilft, gegen die Angst anzukämpfen und sie zu besiegen?

Ziff hat übrigens auch einen Schlachtruf. Er lautet: ICH SCHAFFE DAS!

Welcher Schlachtruf gefällt dir? Du kannst den gleichen nehmen wie Ziff, dir einen eigenen ausdenken oder einen von diesen hier nehmen:

Jetzt bist du dran! Welche Schlachtrufe fallen dir ein? Schreib sie hier auf:

Ruf jetzt zusammen mit einer vertrauten Person deinen Schlachtruf zehnmal hintereinander in verschiedenen Lautstärken. Anfangs fühlt es sich vielleicht komisch an, aber du wirst sehen: Nach einer Weile fühlst du dich stärker und selbstbewusster.

ÜBUNG: SACHEN ZÄHLEN

Wenn man Angst hat, ist es schwer, seine ängstlichen Gedanken wieder aus dem Kopf zu bekommen. Da kann ein Spiel helfen, das du überall spielen kannst und das dich von den angstvollen Gedanken und Gefühlen ablenken kann.

Ziff weiß, wie es geht. Wenn Ziff Angst hat, zählt er gerne die Dinge um ihn herum:

Du kannst einfach alles zählen, zum Beispiel:

- Steckdosen
- Vögel
- Stühle
- Menschen
- Bilder an der Wand
- Bäume
- Autos
- Einkaufstaschen

Beim Zählen musst du dich konzentrieren, und deshalb hat dein Gehirn viel zu tun. Wenn es mit Zählen beschäftigt ist, hat es weniger Zeit, sich um die Angstgedanken zu kümmern. Und deshalb wirst du sie leichter wieder los.

Wie schlimm ist die Situation wirklich?

Wenn man vor irgendetwas Angst hat, kann man an nichts anderes mehr denken und glaubt, vor einem riesigen Problem zu stehen. STOPP! Nimm dir in solchen Situationen einen Moment Zeit und überlege, wie schlimm das Ganze wirklich ist. Sollte tatsächlich etwas Schlimmes passiert sein, musst du jemanden um Hilfe bitten. Meistens ist alles aber gar nicht so schrecklich, wie es scheint.

Feuer, schwere Verletzung, Gefahr
Notfall – rufe 112 oder 110.

Du hast dich verirrt oder verletzt
Schlimme Situation – bitte einen Erwachsenen um Hilfe.

Du fühlst dich krank, bist beleidigt worden, hast dich leicht verletzt
Mittelschlimm – geh nach Hause, bitte jemanden um Hilfe.

Du hast etwas kaputtgemacht, Spielzeug verloren, schaffst die Hausaufgabe nicht
Nicht so schlimm – versuche es noch mal, bitte um Hilfe.

Du kommst zu spät, hast ein Spiel verloren, einen Fehler gemacht
Gar nicht schlimm – das ist nicht gerade angenehm, aber du kannst ruhigbleiben.

ÜBUNG: MEIN TAG

Was machst du morgens? Frühstücken, Zähne putzen, die Schultasche packen … immer in der gleichen Reihenfolge? Feste Routinen zu haben, wirkt beruhigend und hilft, die Kontrolle zu behalten. Wenn du genau weißt, was als Nächstes kommt, und einen Plan für jeden Tag hast, machst du dir vielleicht weniger Sorgen. Du hast noch keine festen Routinen? Dann lass dir von deinen Eltern helfen und schreibt gemeinsam welche auf!

Hast du vielleicht Lust, deine Morgen-, Nachmittags- oder Abendroutine als Comic zu zeichnen? Dann leg los!

LASS DIR ZEIT

Die große weite Welt

Immer wieder hört man von schlimmen Dingen, die überall auf der Welt passieren. Da kann man schnell das Gefühl haben, dass das Leben sehr gefährlich ist. Manches, was du in der Schule oder im Fernsehen mitbekommst, kann dir richtig Angst machen. Vergiss aber nicht, dass in den Nachrichten fast nur über schlimme Dinge berichtet wird!

Es gibt sieben Milliarden Menschen auf unserer Erde, und den meisten geht es gut, manchen sogar sehr gut. Und natürlich erleben einige wenige auch schlechte Tage. Leider hören wir normalerweise aber nur von den Menschen, denen es schlecht geht.

Wenn die Nachrichten jeden Tag nur über die schönen Dinge in der Welt berichten würden, müssten sie unendlich lang sein.

Und noch eine wichtige Sache: **Du kannst die Welt verändern,** wenn du dich mit anderen zusammentust und ihr anderen Menschen mit Mut, Freundlichkeit und Großzügigkeit begegnet. Engagiert euch, wenn ihr seht, dass jemand bei euch in der Stadt, Schule oder sonst wo auf der Welt ungerecht behandelt wird. Denn es fühlt sich gut an, anderen zu helfen. Und wenn du siehst, was ihr alles erreichen könnt, hast du selbst weniger Angst und fühlst dich stärker. Selbst wenn es nur Kleinigkeiten sind – viele kleine Dinge ergeben eine große Wirkung und können auch andere dazu anregen, freundlicher und hilfsbereiter zu sein!

Gruselige Gedanken

Gehörst du zu den Kindern, die zwischendurch gerne mal Gruselgeschichten lesen oder anschauen? Vorsicht: Manchmal spuken einem die Gruselgeschichten noch lange im Kopf herum und machen einem Angst vor etwas, das es gar nicht gibt. Es ist vollkommen in Ordnung, wenn du damit aufhörst, dir Dinge anzusehen, die dir Angst machen. Auch wenn du weißt, dass es da um etwas geht, das nur erfunden ist, so wie Monster, Geister oder Zombies.

Vielleicht hast du ja das Gefühl, dass du solche unheimlichen Dinge mögen musst, weil deine Freunde das auch tun. In Wirklichkeit gruselst du dich aber gar nicht gerne. Glaub mir, es gibt ganz viele Menschen, die genauso fühlen wie du und wissen, dass Gruselgeschichten einfach nichts für sie sind.

Sogar Monster haben manchmal Angst vor anderen Monstern.

Wissen ist Macht

Wenn du Angst vor irgendwelchen übernatürlichen Wesen wie Gespenstern oder Vampiren hast, kann es helfen, ganz viel über dieses Thema zu wissen.

Such dir einen Tag aus, an dem du dich stark und mutig fühlst, und lies dann alles, was du zu diesem Thema finden kannst. Guck dir zum Beispiel Bücher oder Websites an, aber nur solche, die dir keine Angst machen (bestimmt entdeckst du welche, die eher lustig oder süß sind). Versuch, dort Antworten auf deine vielen Fragen zu finden. Und wenn du keine bekommst, dann denk dir einfach selbst welche aus. Beispiele für Fragen:

Was essen Gespenster zum Frühstück?

Warum heult der Werwolf?

Haben Vampire auch Milchzähne und kommt die Zahnfee, wenn sie die verlieren?

Welche Expertenfragen und -antworten fallen dir ein? Schreib sie hier auf:

Warum gibt es Gruselgeschichten?

Schon seit Urzeiten erzählen Menschen Geschichten über Geister und Monster. Sie haben das gemacht, weil sie vor Dingen Angst hatten, die sie sich nicht erklären konnten.

Fürchtest du dich auch vor übernatürlichen Wesen? Dann solltest du dich einem Erwachsenen anvertrauen und erzählen, was dir Angst macht. Das tut gut, du fühlst dich anschließend ruhiger und kannst deine Angst vor diesen Wesen besser kontrollieren.

WER VIEL ANGST HAT, HAT AUCH VIEL FANTASIE

Schreib ein Tagebuch

Viele Menschen führen ein Tagebuch, und das aus den unterschiedlichsten Gründen. Besonders bei Ängsten kann es sehr hilfreich sein, Tagebuch zu schreiben. Alles, was du dafür brauchst, ist ein Notizbuch und ein Stift. Das Tagebuch kann dein Geheimnis sein, du kannst es aber auch einem Erwachsenen zeigen, dem du vertraust.

In einem Tagebuch kannst du …

- unangenehme Gedanken aufschreiben und sie dadurch aus dem Kopf kriegen.
- schwierige Dinge oder Aufgaben in viele einzelne Mini-Aufgaben aufteilen und daraus eine Liste schreiben.
- einen Überblick über deine Ängste und ihre Ursachen erhalten, wenn du aufschreibst, was passiert ist, als du Angst bekommen hast.
- all die vielen guten Dinge aufschreiben, die dir passieren.

Du solltest auch immer wieder mal dein Tagebuch durchlesen, um herauszufinden, ob du bei deinen Ängsten irgendein Muster erkennst, das sich wiederholt. Das kannst du allein machen, besser ist es aber wahrscheinlich, es zusammen mit einem vertrauten Erwachsenen zu tun.

ÜBUNG: HILF DEM ÄNGSTLICHEN ZIFF

Ziff hat Angst vor Hunden. Wenn er im Park spielt und ein Hund angelaufen kommt, will er nur noch weg. Auch wenn es nur ein ganz kleiner, lieber Hund ist.

Was würdest du Ziff sagen, damit er nicht so viel Angst vor Hunden hat?

Gedanken, Gefühle und Reaktionen

Was wir denken, fühlen und tun, ist alles miteinander verknüpft. Ziff denkt zum Beispiel: »Alle Hunde bellen und springen mich an.« Deshalb hat Ziff Angst und rennt aus dem Park.

Gedanke	**Gefühl**	**Reaktion**
↓	↓	↓
Alle Hunde bellen und springen	*Angst*	*Rennt aus dem Park*

Jeder Mensch denkt, fühlt und handelt unterschiedlich. Wenn man einen Hund im Park sieht, könnte man daher auch ganz anders denken, fühlen und handeln als Ziff:

Gedanke	**Gefühl**	**Reaktion**
↓	↓	↓
Wie süß!	*Freude*	*Möchte den Hund streicheln*
Hunde sind mir egal	*Kein Interesse*	*Spielt einfach weiter*

Wovor hattest du schon einmal Angst? Was hast du **gedacht, gefühlt, getan**?

Gedanke **Gefühl** **Reaktion**

Warum hat Ziff so viel Angst? Was läuft bei ihm schief? Es scheint so, als wäre Ziffs Problem ein sogenannter **Denkfehler**.

Denkfehler entstehen, wenn du in deinem Gehirn etwas durcheinanderbringst. Es gibt viele verschiedene Arten von Denkfehlern, die wir uns auf der nächsten Seite genauer ansehen werden.

Je öfter du solche Denkfehler machst, desto mehr glaubst du daran, dass dieses Denken richtig ist.

Der Denkfehler, den Ziff macht, wird auch *Wahrsager*-Fehler genannt. Ziff glaubt, dass er in die Zukunft sehen kann und dass bald etwas Schlimmes passieren wird.

Natürlich ist es nicht besonders schön, Angst zu haben. Du solltest aber versuchen, ruhig zu bleiben und nachzudenken, ob das, was du denkst, wirklich stimmt. Einfach ist das nicht, aber du kannst es schaffen. Nur weil Ziff einmal von einem Hund angebellt wurde, heißt das ja noch lange nicht, dass er wieder angebellt wird.

Denkfehler

Lass uns jetzt einmal die häufigsten Denkfehler genauer ansehen:

Negative Gedanken: Ich sehe immer nur die schlechten Dinge. Auch wenn ich etwas Schönes erlebe, schaffe ich es, mich schlecht zu fühlen.

Alles oder nichts: Wenn etwas nicht ganz perfekt läuft, fühle ich mich als kompletter Versager.

Übertreibung: Auch wenn nur eine kleine Sache schiefgeht, fühlt es sich an wie ein riesiges Problem.

Gedankenleser: Ich weiß, dass alle schlecht über mich denken.

Wahrsager: Es wird sowieso schiefgehen, darum versuche ich es erst gar nicht.

Gefühle sind Tatsachen: Ich fühle mich schlecht, also muss ich auch in allem schlecht sein.

Ich bin nichts wert: Ich bin ein Versager.

Zu hohe Erwartungen: Ich muss in allem perfekt sein.

Ich bin schuld : Es ist alles meine Schuld!

Kennst du einige dieser Denkfehler auch von dir? Mach einen Kreis um die Fehler, die dir bekannt vorkommen.

Denk daran, diese Gedanken sind Denkfehler und nicht wahr, da ist in deinem Gehirn einfach etwas durcheinandergeraten. Wenn du die Fehler erkennst, kannst du auch etwas daran ändern. Am besten sprichst du mit einem Erwachsenen darüber, dem du vertraust. Oft hilft ein Gespräch, um die eigenen Denkfehler besser zu erkennen. Im nächsten Kapitel (Seite 67) erfährst du, wie du Denkfehler vermeiden und mehr Ruhe und Klarheit in dein Denken bringen kannst.

ICH DARF UM HILFE BITTEN

TEIL 3: PROBLEME LÖSEN

Bist du startklar? Ich zeige dir jetzt, wie du besser mit deinen Ängsten umgehen und dein Denken, Fühlen und Handeln verändern kannst, damit du ruhiger und glücklicher wirst.

Tatsache oder Meinung?

Du machst das ganz toll und bist wirklich schon sehr weit gekommen! Jetzt nehmen wir einmal näher unter die Lupe, wie Angst genau funktioniert.

Kennst du den Unterschied zwischen Tatsache und Meinung? Tatsachen sind Dinge, die auf jeden Fall wahr sind – ganz egal, was jemand sagt, denkt oder sich wünscht. Eine Meinung ist etwas, das jemand denkt oder fühlt. Es kann aber sehr unterschiedlich sein, was Menschen über dieselbe Sache denken oder fühlen. Hier ein paar Beispiele:

ÜBUNG: TATSACHEN ÜBER MICH

Schreib bitte ein paar Tatsachen über dich auf!

Beispiel: Meine Haare sind …

Schreib bitte ein paar deiner Meinungen auf!

Beispiel: Mein Lieblingsfach ist …

ICH GEBE MEIN BESTES

Gedanken sind keine Tatsachen

Nur weil du etwas denkst, muss es noch lange nicht wahr sein. Wenn du vor etwas Angst hast, fühlt sich das sehr echt und wahr an. Aber vergiss nicht: **Du bist stärker als deine Angst!**

Denken kannst du alle möglichen Sachen: dass der Himmel grün ist, dass Bananen rosa sind oder dass sich ein Monster unter deinem Bett versteckt. Du brauchst dich aber nur in der Welt umzusehen, um zu erkennen, dass all das nur Gedanken und keine **Tatsachen** sind. **Vielleicht** denkst du manchmal auch, dass du im Rechtschreibtest schlecht abschneiden oder beim Wettrennen wieder der Letzte sein wirst. Aber nur weil du das denkst, heißt das noch lange nicht, dass es auch so passieren wird.

Tatsache: Anton kann über das Seil springen.
Meinung: Anton ist der Beste im Seilspringen.

Jetzt weißt du, dass Gedanken keine Tatsachen sind und dass nicht unbedingt etwas Schlimmes passieren muss, nur weil du das denkst. Aber was ist, wenn es doch geschieht? Wenn ein Hund bellt, du eine schlechte Note schreibst oder deine Mutter zu spät kommt, um dich von der Schule abzuholen? Wäre all das wirklich so schrecklich? Klar, es wäre nicht besonders schön, aber die Welt würde davon nicht untergehen. Kleiner Tipp: Überleg dir vorher, was du machen würdest, wenn etwas, vor dem du Angst hast, tatsächlich geschieht. Hier ein Beispiel:

Marlene hat große Angst davor, dass ihre Mutter vergisst, sie vom Turnen abzuholen. Marlenes Mutter ist noch nie zu spät gekommen, aber trotzdem macht Marlene sich Sorgen, dass es passieren könnte. Sie überlegt sogar, nicht mehr zum Turnen zu gehen, weil sie solche Angst davor hat. Marlene erzählt ihrer Mutter davon, und ihre Mutter hört ihr gut zu. Dann schmieden sie gemeinsam einen Plan für den Fall, dass Marlenes Mutter doch einmal zu spät kommt:

- **Marlene wird zu ihrer Lehrerin gehen.**
- **Die Lehrerin wird Marlenes Mutter anrufen.**
- **Die Lehrerin bleibt bei Marlene, bis die Mutter da ist.**

Machst du dir auch ähnliche Sorgen wie Marlene? Dann überleg dir selbst einen Plan! Sprich mit einem Erwachsenen über deine Ängste und erstellt gemeinsam einen »Rettungsplan«. Es hilft zu wissen, dass du etwas tun kannst und die Welt nicht untergeht, selbst wenn deine Sorge wahr wird.

- ______
- ______
- ______
- ______
- ______
- ______
- ______
- ______
- ______
- ______
- ______

Komm der Angst auf die Spur!

Wenn man Angst hat, weiß man oft nicht genau, warum. Nimm dir dann einen Augenblick Zeit und spüre in deinen Körper und deine Gedanken hinein.

- Wo spürst du die Angst im Körper?
- Was, fürchtest du, könnte passieren?
- Woher kommen diese Gedanken?

Wenn du weißt, was dir Angst macht, kannst du versuchen, es in kleinere Schritte zu zerlegen. Hier ein Beispiel:

Amir fühlt Unruhe im Bauch und im Kopf. Er ist sich sicher, dass er am Montag in der Schule Ärger bekommen wird. Amir hat Angst, weil er dieses Wochenende drei Hausaufgaben machen muss, aber noch mit keiner angefangen hat.

Amir atmet erst einmal tief ein und aus. Dann denkt er darüber nach, wie er sein Problem in kleinen Schritten lösen könnte. Das ist sein Plan:

- **Sofort: eine Liste machen und planen, wann er die einzelnen Hausaufgaben erledigt.**
- **Später am Tag: eine Hausaufgabe nach der anderen machen.**
- **In Zukunft: jedes Wochenende ein bisschen Zeit für die Hausaufgaben einplanen.**

Wie wäre es, wenn du dir wie Amir ein paar Gedanken machst und aufschreibst oder malst, was du geplant hast?

- **Sofort:**

  ____

  ____

  ____

- **Später am Tag:**

  ____

  ____

  ____

- **In Zukunft:**

  ____

  ____

  ____

ICH MAG HERAUS-
FORDERUNGEN

ÜBUNG: WIE SIEHT DEINE ANGST AUS?

Wie stellst du dir deine Angst vor? Kannst du sie unten beschreiben oder ein Bild davon malen? Lass deiner Fantasie freien Lauf: Deine Angst kann ein Wetterphänomen sein, ein Monster, ein Tier, ein Mensch, eine Form oder auch ein Roboter! Du kannst deiner Angst auch einen Namen geben.

Sprich mit dir selbst über deine Angst

Versuche, mit dir selbst über deine Angst zu sprechen. Das fühlt sich am Anfang etwas komisch an, aber es kann dir helfen, besser mit deiner Angst umzugehen. Wenn du das nächste Mal Angst hast, atme erst einmal tief ein und aus, um dich zu beruhigen. Mach zum Beispiel die Handumriss-Atmung von Seite 44.

Stell dir dann selbst Fragen, um herauszufinden, was Tatsache und was Meinung ist:

Du wirst sehen: Wenn du dir Zeit nimmst, um dir diese Fragen zu beantworten, wird deine Angst automatisch kleiner. Du brauchst noch etwas Hilfe? Dann blättere um und schau, wie Ziff mit seiner Angst umgeht.

Ängste verstehen

Ziff hat Angst, dass der Hund bellen und ihn anspringen könnte. Deshalb stellt er sich Fragen, um die Tatsachen zu klären:

Mache ich gerade einen Denkfehler?
Ja, ich glaube, dass der Hund mich anbellen und anspringen wird, aber es passiert gar nichts!

Was wäre das Schlimmste, was passieren könnte?
Der Hund bellt und springt mich an.

Wird die Welt untergehen, wenn das Schlimmste eintritt?
Nein! Ich habe dann zwar Angst, aber der Hundebesitzer passt auf, dass mir nichts geschieht.

Was wäre das Beste, was geschehen könnte?
Der Hund tut nichts, und ich kann im Park weiterspielen.

Was wird wahrscheinlich passieren?
Vielleicht bellt der Hund ein bisschen, aber das ist nur ein Geräusch. Er wird mich nicht anspringen, weil ich auf dem Spielplatz bleibe.

ICH LASSE MICH NICHT UNTERKRIEGEN

Achtsamkeit

- ★ Achtsamkeit bedeutet, aufmerksam und freundlich wahrzunehmen, was gerade passiert und wie man sich fühlt. Achtsamkeit kann dabei helfen, sich zu beruhigen und mit schwierigen Gefühlen umzugehen.
- ★ Achtsam zu denken, heißt zu beobachten, wie Gedanken und Gefühle durch Körper und Geist wandern – so wie die Wolken am Himmel. Alles, was du denkst oder fühlst, ist vollkommen in Ordnung und kann dir nicht schaden.

Die folgende Achtsamkeitsübung kannst du immer und überall machen:

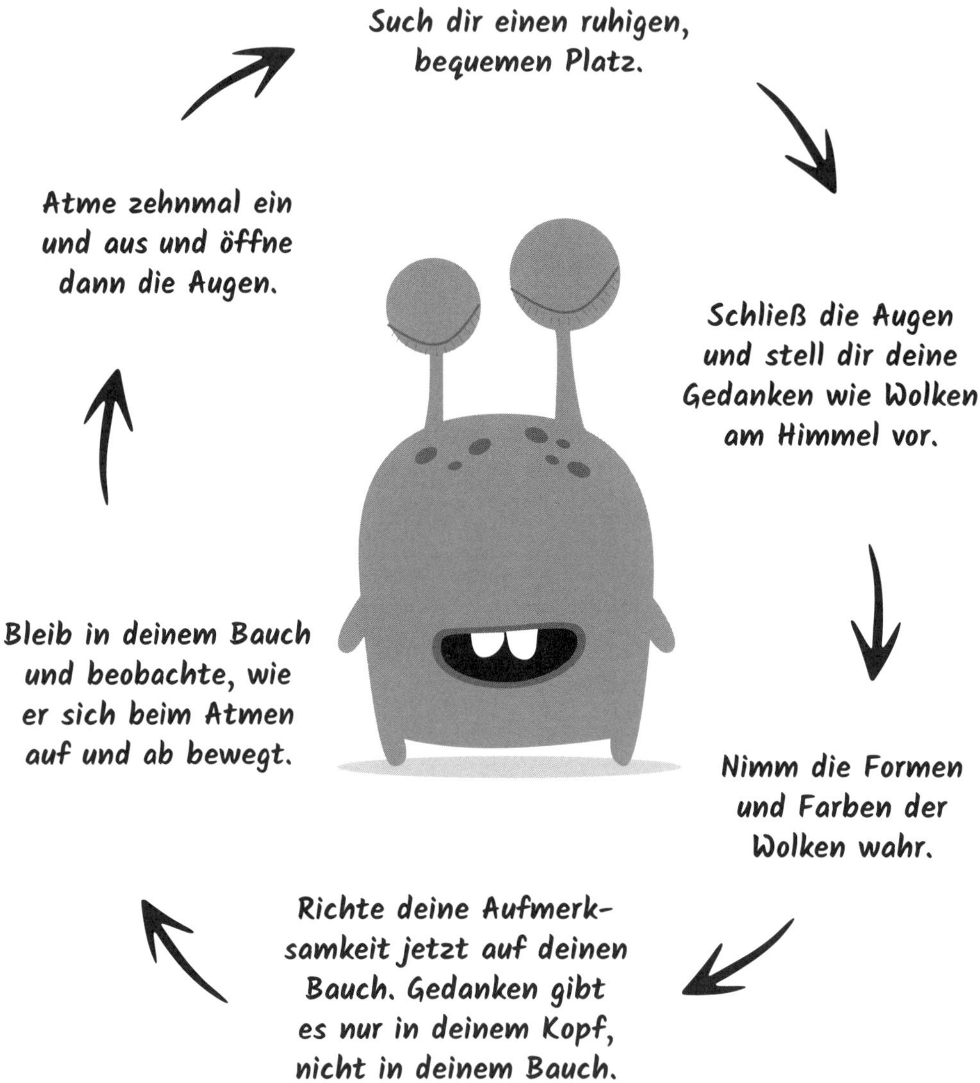

Und, wie fühlst du dich jetzt? Bestimmt viel ruhiger und weniger ängstlich, oder?

ÜBUNG: MEIN ANGST-GLAS

Angst zu haben nervt! Manchmal möchte man einfach nur eine Pause von seinen Ängsten haben. Schreib eine deiner Ängste in einen der Kästen:

Schneid den Kasten dann vorsichtig aus (oder bitte einen Erwachsenen um Hilfe), falte das Papier in der Mitte und leg es in ein Glas mit Deckel. Mach den Deckel zu, dann ist deine Angst im Glas gefangen und kommt nicht mehr heraus! Auf der vorherigen Seite sind zwei Kästen vorbereitet, die du nutzen kannst. Du kannst aber auch eigenes Papier verwenden, damit du immer wieder eine Angst aufschreiben und in dein Glas stecken kannst.

ANGST BEGINNT IM KOPF, MUT AUCH

ÜBUNG: ICH BIN MUTIG!

Jetzt geht es um Mut! Mutig zu sein bedeutet nicht, niemals Angst zu haben. Wirklich mutig oder tapfer ist man, wenn man zwar Angst hat, sich aber seinen Ängsten stellt. Auf den nächsten Seiten erfährst du, wie dir Tapferkeit dabei helfen kann, deine Ängste zu besiegen.

Wann warst du selbst mal richtig mutig? Schreib das auf oder mal ein Bild davon:

Lass die Angst verschwinden!

Als Nächstes schauen wir uns an, wie du deine Angst loswerden kannst.

Manchmal macht man bestimmte Dinge, weil man Angst hat, dass etwas Schlimmes passieren könnte, wenn man es nicht tut. So war es auch bei Fatma. Willst du wissen, wie sie es geschafft hat, dass aus einer ängstlichen Fatma eine tapfere Fatma wurde? Hier kommt ihre Geschichte:

Fatmas Lieblingsspielzeug ist ein Teddybär. Sie ist ganz neu in der Schule und nimmt ihn heimlich mit in den Unterricht. Eines Tages entdeckt eine Lehrerin das Kuscheltier. Sie erklärt Fatma, dass es nicht erlaubt ist, Spielzeug mit in die Schule zu bringen. Fatma bekommt Angst. Wenn sie nur daran denkt, ohne ihren Bären zur Schule gehen zu müssen, wird ihr schon schlecht. Sie ist sich sicher, dass ihr etwas Schlimmes zustoßen wird, wenn der Bär nicht bei ihr ist. Was soll Fatma nur tun?

Sie findet den Gedanken schrecklich, ihren Teddybären zu Hause zu lassen. Aber noch schlimmer findet sie es, Ärger in der Schule zu bekommen. Fatma beschließt, mit ihren Eltern über ihr Problem zu sprechen. Gemeinsam schmieden sie einen Plan.

Als Erstes stellt Fatma sich Fragen, um die Tatsachen zu klären:

Fatmas Tapferkeitsplan

Fatma und ihre Eltern machen einen 9-Schritte-Plan, damit Fatma innerhalb von wenigen Wochen mutiger wird.

1. Den Teddy mit zur Schule nehmen, aber nur in der Pause rausholen
2. Den Teddy mit zur Schule nehmen, aber Mama geben, bevor ich in die Klasse gehe
3. Den Teddy im Arm halten, bis wir vor der Schule angekommen sind
4. Den Teddy bis zum Ende unserer Straße im Arm halten
5. Mama den Teddy geben und ihn nur zweimal jeweils eine Minute in den Arm nehmen
6. Mama den Teddy geben und ihn nur einmal nehmen
7. Mama den Teddy geben und nur nach ihm fragen, wenn ich ihn brauche
8. Mama den Teddy geben und versuchen, nicht danach zu fragen
9. Den Teddy zu Hause lassen

Fatma nähert sich ihrem Ziel in kleinen Schritten und wird mit jedem Schritt ein bisschen mutiger. Manchmal dauert es ein paar Tage, bis sie zum nächsten Schritt bereit ist, aber das ist in Ordnung. Am Ende traut sie sich tatsächlich, den Teddy zu Hause zu lassen.

Stell dich deinen Ängsten!

Hast du auch schon einmal etwas Schönes abgesagt oder nicht gemacht, weil du Angst davor hattest? Das kennen viele. Zum Beispiel Ben. Mal sehen, wie er es schafft, seine Angst zu überwinden.

Schwimmen gehen? Wenn Ben nur daran denkt, bricht ihm sofort der Schweiß aus. Er hat Angst unterzugehen und Wasser in die Augen zu bekommen. Leider ist es so, dass im nächsten Schuljahr auch Schwimmen auf dem Stundenplan steht. Ben würde gerne schwimmen können, aber er traut sich nicht, ins Wasser zu gehen. Was könnte er tun?

Ben spricht mit seinen Eltern über sein Problem, und sie machen einen Plan.

Als Erstes stellt Ben sich Fragen, um die Tatsachen zu klären:

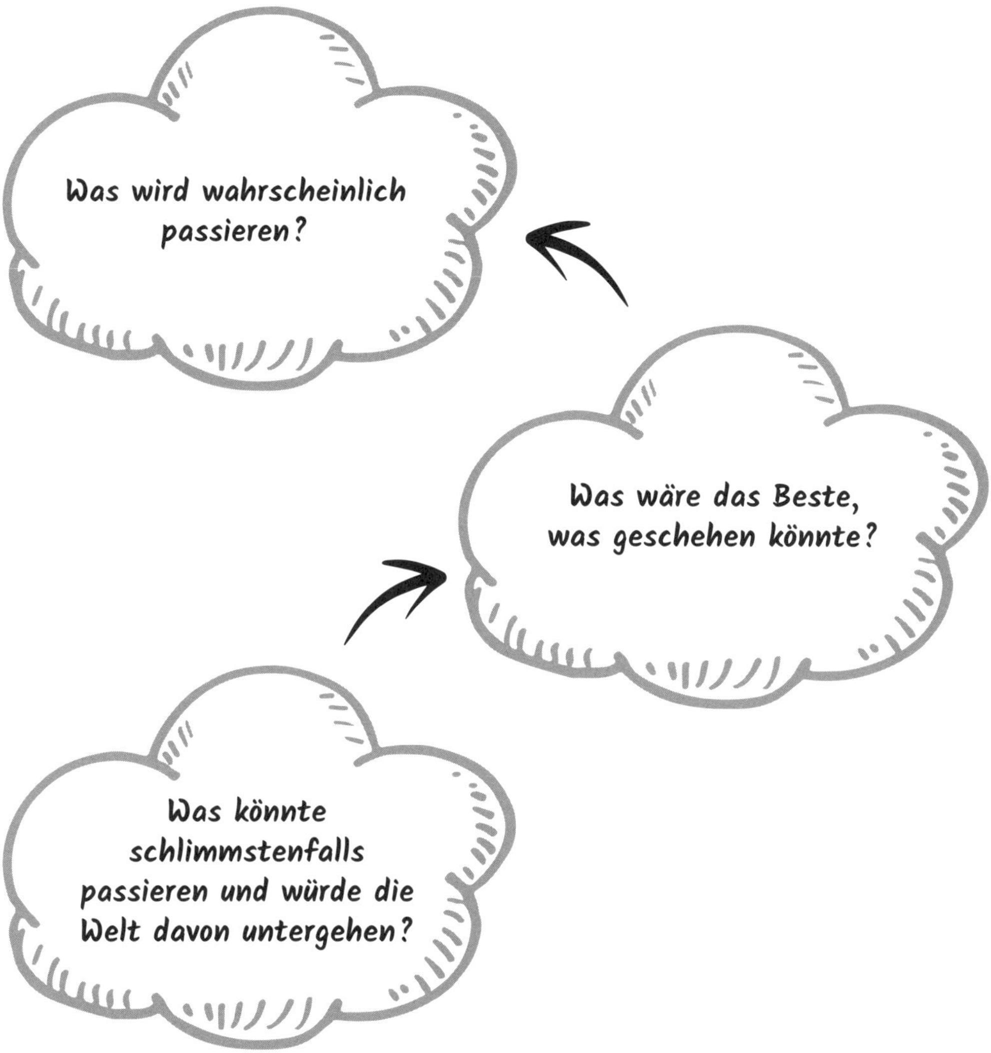

Jetzt fühlt sich Ben schon etwas besser, aber er hat immer noch Angst vor dem Schwimmen. Er weiß, dass Wasser gefährlich sein kann und dass er schlimmstenfalls ertrinken kann.

Als Erstes fragt sich Ben, wie wahrscheinlich es ist, dass er ertrinkt. Er stellt fest, dass das sehr unwahrscheinlich ist. Dann überlegt er, dass er die Gefahr von Wasser am besten beherrschen kann, wenn er mit einem ausgebildeten Schwimmlehrer gut Schwimmen lernt.

Bens Tapferkeitsplan

Als Nächstes machen Ben und seine Eltern einen 9-Schritte-Plan.

1. Alles über Sicherheit beim Schwimmen herausfinden
2. Ins Schwimmbad gehen, aber nicht ins Wasser
3. Im Geschäft eine neue Schwimmbrille kaufen
4. Ins Schwimmbad gehen und an den Beckenrand setzen
5. Die Füße ins Wasser strecken
6. Mit den Eltern ans flache Ende des Beckens gehen, damit man immer den Boden berühren kann, und die Schwimmbrille aufsetzen
7. Mit den Eltern ins flache Wasser gehen und einen Schwimmreifen benutzen
8. Wasser ins Gesicht spritzen
9. Den Kopf eine Sekunde lang unter Wasser tauchen

Ben möchte mit dem Plan seine Angst Stück für Stück überwinden. Er nimmt sich dabei die Zeit, die er braucht. Bei manchen Schritten dauert es etwas länger, bis er es schafft, bei anderen geht es schneller. Als er am Ende seines Tapferkeitsplans angelangt ist, fühlt er sich bereit für den Schwimmunterricht in der Schule!

ÜBUNG: MEIN TAPFERKEITSPLAN

Wovor hast du richtig Angst? Versuche, deinen eigenen Tapferkeitsplan aufzuschreiben, um deine Angst zu überwinden.

1. ______________________________
   ____
2. ______________________________
   ____
3. ______________________________
   ____
4. ______________________________
   ____
5. ______________________________
   ____
6. ______________________________
   ____

ICH BIN NICHT ALLEIN

TEIL 4: PASS AUF DICH AUF!

Wow, jetzt hast du wirklich schon eine Menge geschafft und kannst richtig stolz auf dich sein! Wusstest du, dass alles im Leben etwas leichter geht, wenn dein Körper gesund und stark ist? Nimm dir deshalb Zeit zu entspannen und gib deinem Körper das, was er braucht.

Was hilft beim Entspannen?

Innere Ruhe und Entspannung sind sehr wichtig, um gesund, stark und glücklich zu sein. Bei den folgenden Aktivitäten kannst du dich richtig gut entspannen:

- einen Kieselstein mit Acrylfarbe bemalen
- eine Collage machen
- Dehnübungen machen
- ein Buch lesen
- ein Gedicht schreiben
- Fahrrad fahren
- die Flamme einer Kerze beobachten (mach das nie ohne einen Erwachsenen!)
- Musik hören
- in die Wolken schauen – welche Dinge erkennst du?
- im Garten ein paar Blumen und Blätter sammeln und diese zeichnen

Fallen dir noch mehr Sachen ein? Schreib sie auf oder mal ein Bild davon:

Zieh mal den Stecker!

★ Klar, Fernsehen oder Computerspiele machen Spaß! Aber die ganze Aufregung dabei kann für dein Gehirn ziemlich anstrengend sein. Versuche daher, in deiner Freizeit auch andere Dinge zu tun – wie Freunde treffen, zusammen etwas bauen oder basteln, malen, lesen oder mit der Familie draußen spielen.

Anspannung und Entspannung

Spanne jetzt einmal alle Muskeln in deinem Gesicht an – auf der Nase, auf der Stirn und zwischen den Augenbrauen, sodass du ganz viele Falten hast. Lass dann alle Muskeln in deinem Gesicht locker, bis es wieder glatt ist.

Wie hat sich dein Körper angefühlt, als du deine Gesichtsmuskeln angespannt hast? Hast du dich verkrampft gefühlt? Anspannung ist genau das: Du spürst eine Verkrampfung. Wenn du diese löst, tritt eine Entspannung ein.

So eine Anspannung spürt man sehr oft im Körper, wenn man Angst hat oder aufgeregt ist. Es gibt aber ein paar Tricks, die dir helfen können, die Spannung in deinem Körper aufzulösen.

ÜBUNG: WECHSELATMUNG

Atemübungen helfen dabei, sich schnell zu entspannen und besser zu fühlen. Bei der Wechselatmung machst du tiefe, lange Atemzüge, die beruhigend wirken.

- Halte dir zuerst das rechte Nasenloch zu.
- Atme tief durch das linke Nasenloch ein.
- Halte den Atem dann an und wechsle die Hand, um dir das linke Nasenloch zuzuhalten.
- Atme durch das rechte Nasenloch aus.
- Wiederhole das jetzt, aber wechsle dabei die Seiten ab.
- Mach insgesamt fünf Atemzüge mit jedem Nasenloch.

ICH KANN ES NOCH MAL VERSUCHEN

Äußerlichkeiten

Vielen Menschen sind Äußerlichkeiten sehr wichtig. Jeden Tag sieht man im Fernsehen oder in den sozialen Medien Menschen, die perfekt aussehen. Wusstest du aber, dass sie in Wirklichkeit ganz anders aussehen, nämlich vollkommen normal so wie du und ich? Es ist nämlich so, dass im Fernsehen bestimmte Scheinwerfer und auf Fotos besondere Filter dafür sorgen, dass ganz normale Menschen wie makellose Schönheiten wirken.

Es ist also reine Zeitverschwendung zu versuchen, perfekt auszusehen. Dabei gibt es Millionen andere, viel interessantere Dinge, die man tun und über die man sich Gedanken machen kann. Und vergiss nie: **Du bist nicht auf der Welt, um von anderen beurteilt zu werden!** Du bist einzigartig und wundervoll so, wie du bist.

ÜBUNG: SPIEGLEIN, SPIEGLEIN

Wenn du das nächste Mal in den Spiegel schaust, dann konzentriere dich auf etwas, das du an dir magst, und sag dir selbst etwas Nettes!

Hier ein paar Vorschläge:

Fällt dir noch mehr ein? Dann schreib alles in die Spiegel.

Liebe deinen Körper!

Wusstest du, dass dein Körper ein wahres Wunder ist?

- Die Zähne, die du nach den Milchzähnen bekommst, sind so stark wie die von einem Hai.
- Dein Herz schlägt jeden Tag über 100 000 Mal.
- Nicht nur deine Fingerabdrücke sind einzigartig, auch dein Zungenabdruck.
- Damit du atmen, lachen und lernen kannst, arbeiten alle 10 bis 100 Billionen Zellen in deinem Körper zusammen.

Dein Körper verändert sich dein Leben lang. Besonders stark sieht man das, wenn du erwachsen wirst. Spürst du diese Veränderungen und machen sie dir vielleicht Angst? Oder schämst du dich sogar dafür? Dann vergiss nicht, dass diese Veränderungen ganz normal sind und dass jeder Mensch sie erlebt.

Und noch etwas: Dein Körper gehört dir und niemand darf ihn ohne deine Erlaubnis ansehen oder berühren. Du kannst immer mit deinen Eltern oder einem Lehrer reden, dem du vertraust, falls etwas passiert, das dich beunruhigt oder verwirrt.

Bleib gesund!

Es gibt zwei wichtige Dinge, die du tun kannst, damit es deinem Körper gut geht und du glücklich und zufrieden bist: gesund essen und viel Wasser trinken. Wenn du auf deinen Körper Acht gibst, fühlst du dich automatisch besser, bist ruhiger und hast mehr Energie.

Unser Körper besteht zu 60 Prozent aus Wasser, und dieses Wasser verlässt deinen Körper ständig auf unterschiedliche Weise. Zum Beispiel, wenn du schwitzt, ausatmest, weinst oder aufs Klo gehst. Damit der Körper in Topform bleibt und genug Flüssigkeit zur Verfügung hat, solltest du mindestens sechs bis acht Gläser Wasser am Tag trinken. Um gesund zu bleiben, solltest du außerdem täglich fünf Portionen Obst oder Gemüse essen.

ÜBUNG: SCHLAFEN

Damit du tagsüber ausreichend Energie hast und dich gut fühlst, ist es auch wichtig, nachts genug zu schlafen. Während du schläfst, hat das Gehirn Zeit, alles zu verarbeiten, was du am Tag so erlebt hast. Oft ist es sogar so, dass Probleme, die dich tagsüber belasten, nach einer erholsamen Nacht plötzlich gar nicht mehr so schlimm erscheinen.

Wie würde dein Traumschlafzimmer aussehen? Unten kannst du etwas darüber schreiben oder ein Bild davon malen.

★ **Versuche, jede Nacht genug zu schlafen.**

Kannst du manchmal nicht gut einschlafen? Dann probier mal diesen Trick aus:

1. Leg dich auf den Rücken und streck die Füße nach vorne aus.
2. Heb die Füße langsam an, bis deine Zehen zur Decke zeigen.
3. Lass deine Füße ganz, ganz langsam wieder absinken.
4. Wiederhole das fünfmal, dann fühlst du dich entspannt und müde.

TEIL 5: FREUNDSCHAFT UND MOBBING

Freunde zu haben, ist schön und wichtig. Aber manchmal gibt es auch Streit oder man ist aus irgendeinem Grund wütend auf seinen Freund oder seine Freundin.

Was macht echte Freunde aus?

Echte Freunde sind wundervoll, es macht Spaß, Zeit mit ihnen zu verbringen und gemeinsam zu lachen.

Manchmal ist es aber so, dass jemand zwar sagt, dass er dein Freund oder deine Freundin ist, sich aber überhaupt nicht so verhält.

Auch wenn jemand viel Zeit mit dir verbringt und behauptet, dass er dein Freund ist, muss das nämlich nicht unbedingt wahr sein. So etwas nennt man dann falsche Freunde. Verbringe also lieber keine Zeit mit Menschen, die nicht wirklich nett zu dir sind!

So erkennst du echte und falsche Freunde:

Ein echter Freund:

- hört zu
- ist nett zu dir
- lässt dich nicht im Stich
- schließt dich nicht aus

Ein falscher Freund:

- tut so, also würde er dich nicht sehen
- schließt dich aus
- tut dir weh
- hänselt oder mobbt dich

ICH BIN ES WERT, GUTE FREUNDE ZU HABEN

Was ist Mobbing?

Mobbing kann überall passieren, im Internet oder im wahren Leben.
Mobbing bedeutet, …

- jemanden absichtlich zu verletzen, bloßzustellen oder wütend zu machen.
- jemandem etwas ohne Erlaubnis wegzunehmen.
- jemanden dazu zu bringen, etwas zu tun, was er nicht will.
- über jemanden zu lästern oder Lügen zu verbreiten.
- jemanden zu beschimpfen oder auf andere Weise zu ärgern.
- jemanden zu schubsen oder anzurempeln.
- jemanden auszuschließen.
- jede Art von Verhalten, das anderen das Leben schwer macht.

Vergiss nicht: Es ist nicht deine Schuld, wenn du gemobbt wirst. Sprich mit einem Erwachsenen darüber, dem du vertraust. Du bist ein wertvoller Mensch und verdienst es, mit Respekt behandelt zu werden.

Du bist nicht allein

Manchmal glaubst du vielleicht, dass sich kein anderer Mensch so fühlt wie du. Aber denk dran, man kann in die Köpfe anderer Menschen nicht hineinschauen. Jeder hat seine eigenen Sorgen und Lieblingsdinge, und man kann es anderen nicht immer ansehen, wie sie sich fühlen.
Auch wenn du dich mit deinen Sorgen allein fühlst, du bist es nicht! Es gibt immer Leute um dich herum, die dir helfen können.

HEUTE WIRD EIN GUTER TAG

Jeder Mensch ist anders

Wir sind alle verschieden, und genau das macht das Leben interessant! Kein Mensch ist wie der andere – jeder hat ein anderes Lieblingsbuch oder andere Ängste.

Einige der Unterschiede kann man von außen sehen, zum Beispiel Hautfarbe, Haarfarbe, Brille, glatte oder lockige Haare … Doch all diese Dinge sagen nichts darüber aus, was im Inneren des Menschen vor sich geht. Nur weil Ziff Sommersprossen hat, heißt das nicht, dass er dieselben Vorlieben und Gedanken hat wie andere sommersprossige Monster.

Und welche Unterschiede sind unsichtbar? Wie nett jemand ist, welches Frühstück er am liebsten isst, worüber er sich Sorgen macht … all das findet man nur heraus, wenn man den Menschen richtig kennenlernt.

ÜBUNG: FEIERT EURE UNTERSCHIEDE!

Was hast du mit deinen guten Freunden gemeinsam? Wo unterscheidet ihr euch?

Das haben wir gemeinsam …	**Hier sind wir verschieden …**
Beispiel: Mein Leibgericht sind Nudeln, bei meinem Freund ist es genauso.	*Beispiel: Mein Lieblingsfach ist Deutsch, aber meine Freundin mag lieber Mathe.*

Das haben wir gemeinsam …	Hier sind wir verschieden …

Auch wenn ihr in manchen Dingen unterschiedlich seid, verbringt ihr trotzdem gerne Zeit miteinander. Du bist also vollkommen in Ordnung und wirst gemocht, so wie du bist!

JEDER IST AUF
SEINE BESONDERE
WEISE ER SELBST

Perfekte Menschen gibt es nicht

Manchmal hast du vielleicht das Gefühl, dass einer deiner Freunde ein perfektes Leben hat. Wenn nur deine Haare, dein Haus, dein Computer oder deine Schuhe so ähnlich wie die deines besten Freundes wären, wäre dein Leben viel besser, oder? Falsch gedacht! Glück kommt nämlich von innen. Neue Dinge zu bekommen, fühlt sich nur für ganz kurze Zeit gut an. Bald ist die Freude verschwunden, und du fühlst dich genauso wie vorher.

Wir sehen immer nur das, was andere Menschen von sich zeigen wollen. Niemand ist perfekt, so etwas gibt es einfach nicht.

Jeder Mensch hat auf seine ganz eigene Weise Glück. Doch wenn du dich schlecht fühlst, fällt es dir schwer zu erkennen, dass auch du mit vielen Dingen Glück hast.

ÜBUNG: DANKBARKEIT TRAINIEREN

Eine sehr wichtige Sache im Leben ist es, dankbar zu sein. Zum Beispiel dafür, was für tolle Geschwister du hast oder dass jemand besonders nett zu dir war. Schreib auf den nächsten Seiten auf, wofür du dankbar bist und welche Probleme du gerade hast.

Schreib zehn Dinge auf, für die du diese Woche dankbar bist. Das können kleine oder große Dinge sein wie zum Beispiel ein leckeres Frühstück oder ein Dach über dem Kopf.

1 ______________________________

2 ______________________________

3 ____

4 ____

5 ____

6 ____

7 ____

8 ____

9 ____

10 ____

Was ist gerade schwierig bei dir?
Beispiel: Ich habe mich mit meiner Freundin gestritten.

Was kannst du aus deinem Problem lernen?

Beispiel: Lösungen zu finden, mit denen alle zufrieden sind.

Menschen, denen ich dankbar bin:

Was war das Beste, was heute passiert ist?

Das hier ist eine tolle Übung für den Abend. Du könntest auch jedes Mal, wenn du Tagebuch schreibst, ein paar Dinge notieren, für die du dankbar bist (Seite 60).

DAS LEBEN IST
EIN ABENTEUER,
KEIN WETTKAMPF

TEIL 6: UND JETZT?

Glückwunsch, du bist wirklich schon weit gekommen und hast hoffentlich ein paar Tricks gelernt, um deine Ängste besser in den Griff zu bekommen. Du hast auch erfahren, wie Gedanken, Gefühle und Handlungen zusammenhängen und wie du dich entspannen kannst. Höchste Zeit, deine neuen Fähigkeiten in der Praxis zu testen und aktiv zu werden!

Setz dich aber bloß nicht unter Druck und hab Geduld mit dir! Deine Ängste stecken so fest in dir drin, dass sie sich nicht über Nacht in Luft auflösen werden. Es ist nämlich alles andere als einfach, Gewohnheiten zu ändern und Dinge auszuprobieren, die ganz neu für dich sind.

Vergiss aber nie: Du stehst nicht allein da! Wenn du Hilfe brauchst, kannst du dir das Buch noch einmal durchlesen, mit einem Erwachsenen sprechen, dem du vertraust, oder einfach kurz eine Pause machen, um dich zu entspannen. Ich bin mir ganz sicher: Du schaffst das!

ÜBUNG: MEIN PLAN GEGEN ANGST

Auf den nächsten Seiten kannst du aufschreiben, welche Dinge du über dich selbst und deine Ängste gelernt hast, damit du immer genau weißt, was zu tun ist, wenn du das nächste Mal Angst hast:

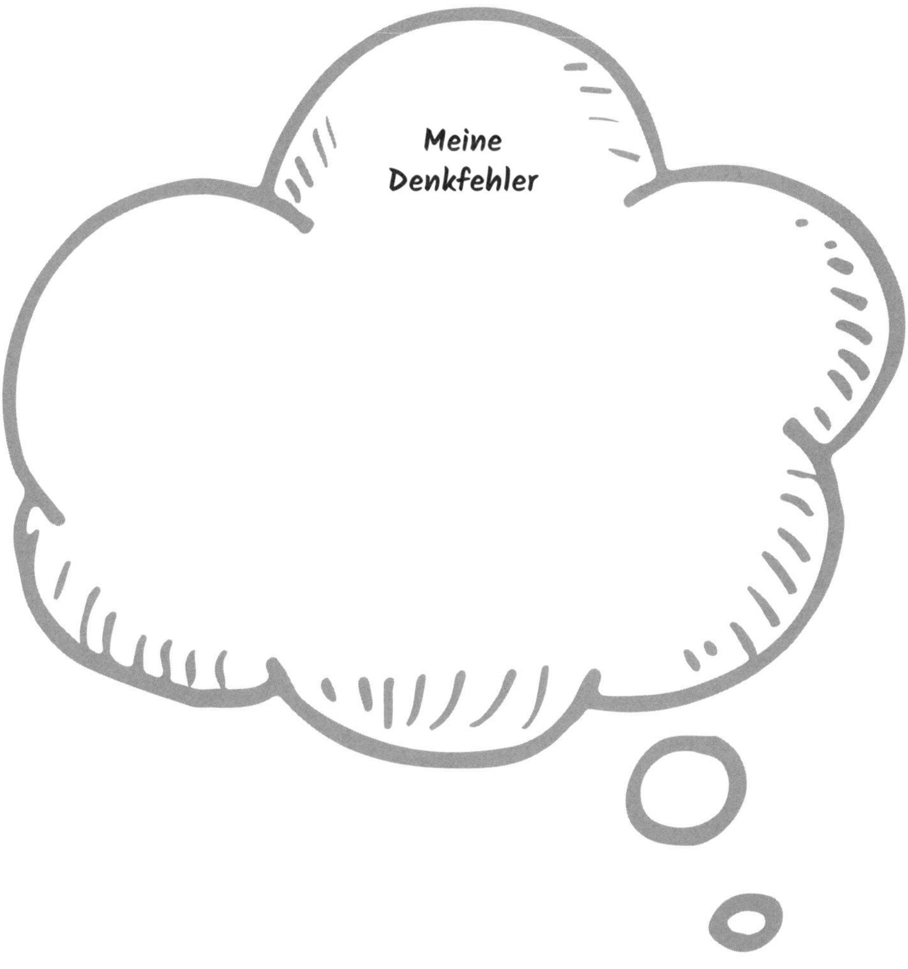

Fragen an mich selbst

Meine besten Entspannungsübungen

Vergiss auch nicht, deinen Tapferkeitsplan von Seite 98 anzuwenden!

Nicht nur du hast Angst

Es gibt viele Kinder in deinem Alter, die Angst vor irgendetwas haben – hier ein paar Beispiele:

Ida, 7 Jahre:

> „In meiner Lieblingsserie geht es um ein Monster, das unter dem Bett wohnt. Eigentlich bin ich nicht so ängstlich und grusele mich auch gerne. Aber eine Folge war so gruselig, dass ich danach nicht einschlafen konnte. Am nächsten Tag war ich deshalb sehr müde! In der nächsten Nacht hatte ich dann wieder Angst. Ich habe Mama davon erzählt, und sie hat eine Lampe auf den Boden gestellt, damit es unter dem Bett hell war. Das hat mich beruhigt, und dann konnte ich einschlafen.“

Tilda, 11 Jahre:

> „Letzten Monat stand eine Klassenfahrt an, die über vier Nächte gehen sollte. Ich würde meine Eltern also vier Tage nicht sehen, das hat mir Angst gemacht. Ich dachte die ganze Zeit, dass zu Hause irgendetwas Schlimmes passieren würde, wenn ich nicht da bin. Dass meine Eltern krank werden oder so. Mama und Papa haben gesagt, dass ich mir keine Sorgen machen soll, aber ich habe mir trotzdem Sorgen gemacht. Am liebsten wäre ich nicht mitgefahren. Als ich aber dann dort war, hatten wir so viel Spaß, dass ich meine Sorgen ganz vergessen habe. Ich bin wirklich froh, dass ich mitgefahren bin.“

Hassan, 9 Jahre:

> **Einmal habe ich gesehen, wie sich ein Junge in der Schule übergeben hat. Es war wirklich eklig, die Kotze lief über den ganzen Tisch. Jetzt denke ich jedes Mal, wenn ich husten oder rülpsen muss, dass mir das auch passiert. Mir wird dann ganz heiß und ich bekomme Angst. Um mich zu beruhigen, gehe ich an einen ruhigen Ort oder mache eine Atemübung.**

Miriam, 8 Jahre:

> **Ich hatte jeden Tag Angst, beim Mittagessen in der Schule allein sitzen zu müssen. Deshalb habe ich immer morgens als Allererstes eine oder zwei Freundinnen gefragt, ob wir gemeinsam essen wollen. Einmal habe ich vergessen zu fragen und musste mich dann neben ein Mädchen setzen, das ich nicht kannte. Wir haben miteinander geredet, und jetzt ist sie meine Freundin. Es ist genau das passiert, wovor ich Angst hatte, aber es ist trotzdem alles gut gegangen.**

Oliver, 8 Jahre:

> **Ich hatte totale Angst davor, eine ganz schlimme Krankheit zu bekommen und zu sterben. Ich habe meinen Körper jeden Tag genau untersucht, um sicherzugehen, dass ich gesund bin. Und ich habe meinen Eltern Fragen über verschiedene Krankheiten gestellt. All das hat angefangen, als mein Onkel letztes Jahr gestorben ist. Meine Eltern haben dann mit mir über meinen Onkel geredet und mir alle Fragen beantwortet. Jetzt verstehe ich besser, was passiert ist, und habe nicht mehr so viel Angst.**

Naomi, 10 Jahre:

Früher fand ich mich nicht schön, weil ich ein Muttermal im Gesicht habe. Dann habe ich diesen Spruch gehört: ›Die, die's kümmert, zählen nicht, und die, die zählen, kümmert's nicht.‹ Wenn es mir nicht so gut geht, denke ich immer an diesen Spruch und sage mir, dass ich so, wie ich bin, schön bin.

Murat, 11 Jahre:

Früher hatte ich ständig vor allem Möglichen Angst. Meine Eltern sind mit mir deshalb zu einem netten Arzt gegangen. Er hat uns gezeigt, was wir tun können, damit es mir besser geht.

Konrad, 7 Jahre:

Ich bin früher nicht gerne zum Sportunterricht gegangen, weil ich Angst hatte, mir wehzutun. Ich bin immer nur auf der Bank gesessen und habe nicht mitgemacht. Dann hat ein Freund gesagt, dass er sich neben mich stellt und aufpasst, dass mir nichts passiert. Da habe ich mich getraut und gemerkt, dass es wirklich Spaß macht!

Du hast es geschafft!

Jetzt ist das Buch zu Ende! Ziff hat es total viel Spaß gemacht, all die tollen Übungen mit dir zusammen zu machen – dir auch? Schlag dieses Buch gerne immer wieder auf, um dir in Erinnerung zu rufen, was Angst genau ist und wie du dich selbst beruhigen kannst.

Jetzt solltest du dir aber erst einmal kräftig auf die Schulter klopfen für all das, was du erreicht hast. Du bist wirklich mutig und klug und kannst alles schaffen, was du dir in den Kopf gesetzt hast!

Für Eltern: Wie Sie Ihrem Kind bei der Überwindung seiner Ängste helfen können

Leider ist der Umgang mit kindlichen Ängsten alles andere als einfach. Es gibt jedoch Wege, um ängstlichen Kindern das Leben zu erleichtern. Eines der wichtigsten Dinge dabei ist: zuhören!

Wenn Sie zuhören und Ihrem Kind in einer offenen, zugewandten Art allgemeine Fragen über Schule, Freunde/Freundinnen und Hobbys stellen, wird es sich öffnen und Ihnen seine Ängste und Sorgen anvertrauen. Eine gesunde, enge Beziehung zwischen Kind und Eltern oder Betreuenden trägt maßgeblich dazu bei, dass Kinder ausgeglichener und belastbarer werden – auch wenn es auf dem Weg dorthin selbstverständlich einige Hindernisse zu überwinden gilt. Lassen Sie Ihren kleinen Schatz wissen, dass Sie für ihn da sind, dass Sie seine Ängste ernst nehmen und ihm helfen werden, seine großen und kleinen Sorgen und Probleme aus der Welt zu schaffen. Achten Sie im Gespräch darauf, seine Sorgen weder zu verharmlosen noch zu verstärken.

Konzentrieren Sie sich auf die Lösung, nicht auf das Problem, und beziehen Sie Ihr Kind bei der Lösungsfindung mit ein. Manchmal möchten Kinder auch einfach nur reden – richten Sie sich deshalb nach den Signalen, die Ihr Kind Ihnen sendet.

Wenn Ihr Kind panisch oder ängstlich reagiert, sollten Sie sich bewusst machen, dass es nicht absichtlich schwierig oder manipulierend agiert, sondern dass sein Gehirn ihm suggeriert, in großer Gefahr zu sein. Bei einer Panikattacke kann Folgendes helfen:

- Begeben Sie sich auf Augenhöhe mit Ihrem Kind und atmen Sie gemeinsam tief durch.
- Versichern Sie ihm, dass Sie seine Angst verstehen.
- Halten Sie seine Hand, wenn es das wünscht.
- Machen Sie eine Zählübung wie »Sachen zählen« (Seite 49) oder die Handumriss-Atmung (Seite 44) mit Ihrer Hand oder der des Kindes.

- Warten Sie, bis sich Ihr Kind beruhigt hat, und suchen Sie dann gemeinsam Lösungen. Hilfreich ist hierbei, dass das Kind sich selbst Fragen stellt und die Tatsachen bestimmt.

Sobald das Kind sich beruhigt hat, sollten Sie darüber reden, was gegen die Panikattacke geholfen hat und was nicht, damit Sie beim nächsten Mal noch besser gerüstet sind. Wenn ein stressiges Ereignis bevorsteht, wie etwa ein Umzug, und Ihr Kind Angst davor hat, sollten Sie ganz offen darüber sprechen, wie das Ganze ablaufen wird. Suchen Sie nach Büchern oder Filmen, die Kinder dabei unterstützen, die eigenen Gefühle besser zu verstehen. *Die Romantherapie für Kinder* von Ella Berthoud und Susan Elderkin ist ein gutes Hilfsmittel, um für jede Situation die richtige Geschichte zu finden. Etablieren Sie feste tägliche Routinen, denn Kinder fühlen sich sicherer und geborgener, wenn sie wissen, was als Nächstes passiert.

Falls Ihre Familie gerade eine schwierige Zeit durchmacht, es zum Beispiel zu einer Scheidung oder einem Trauerfall gekommen ist, sollten Sie Ihrem Kind nur die Informationen geben, die es wirklich braucht. Verwenden Sie Wörter, die es versteht, und ermutigen Sie es, über seine Gefühle zu sprechen und Fragen zu stellen. Scheuen Sie sich auch nicht davor, einzuräumen, dass Sie etwas nicht wissen. Übrigens fällt es Kindern manchmal leichter, über schwierige Themen zu sprechen, wenn sie zeitgleich mit etwas anderem beschäftigt sind wie etwa Malen oder Basteln. Manche berichten auch lieber in einem Brief über ihre Ängste.

Dass Eltern ihre Kinder vor negativen Gefühlen schützen möchten, ist etwas ganz Natürliches. Werden angsterzeugende Situationen aber ständig vermieden, bringt das nur einen kurzfristigen Nutzen und kann auf Dauer das Problem sogar verschlimmern. Je öfter bestimmte Situationen umgangen werden, desto mehr verstärken sich in Ihrem Kind die negativen Erinnerungen oder Assoziationen mit dieser Situation.

Anstatt diese Situationen zu vermeiden, sollten Sie Ihrem Kind schrittweise und ohne Druck die Gelegenheit geben, positive Gedanken und Erinnerungen damit zu verknüpfen. Wenn Ihr Kind zum Beispiel Angst vor der Dunkelheit hat, können Sie mit ihm zum Zelten fahren und nach Sonnenuntergang Marshmallows am Lagerfeuer grillen. Hat es Angst vor Wasser, können Sie am Ufer eines Sees Tiere beobachten. Hat Ihr Kind Angst, vor anderen zu sprechen, können Sie zu Hause ein Theaterstück aufführen. Es gibt wirklich viele Möglichkeiten, mit denen Sie Ihrem Kind auf sanfte Weise zu mehr Mut verhelfen können.

Wenn Ihr Kind häufig Zuspruch, Anerkennung und Trost braucht, versuchen Sie herauszufinden, warum. Besprechen Sie das Worst-Case-Szenario (und versichern Sie ihm, dass auch dann nicht die Welt untergeht), das Best-Case-Szenario und das, was am wahrscheinlichsten passieren wird. Ermutigen Sie Ihren Sprössling, neue Dinge auszuprobieren, und machen Sie deutlich, dass es absolut in Ordnung ist, wenn etwas nicht auf Anhieb klappt.

Und zuletzt: Schuldgefühle sind kein guter Ratgeber. Nur zu leicht gibt man sich selbst die Schuld für die Probleme seiner Kinder und versucht deshalb, ihnen das Leben so leicht wie möglich zu machen. Lassen Sie los! Sie tun das Bestmögliche, wenn Sie Ihrem Kind das nötige Rüstzeug an die Hand geben, um sich zu einem widerstandsfähigen Erwachsenen zu entwickeln!

Weitere Hinweise

Ängste, die gelegentlich und kurzfristig auftauchen, sind zwar nicht angenehm, aber ganz normal. Sobald die Angst jedoch das alltägliche Leben Ihres Kindes beeinträchtigt, sollten Sie einen Kinderarzt konsultieren. Bei Problemen in der Schule suchen Sie bitte das Gespräch mit den Lehrern. Ein Patentrezept gibt es leider nicht, auch weil Ängste verschiedene Schweregrade haben können. Das Familienportal des Bundesministeriums für Familie, Senioren, Frauen und Jugend bietet unter der Bezeichnung »Nummer gegen Kummer: Elterntelefon« eine kostenlose Hotline an (Mo.–Fr. 9–17 Uhr, Di. + Do. 9–19 Uhr). Die Rufnummer lautet: 0800 111 0 550.

Weitere nützliche Anlaufstellen:

https://www.kindergesundheit-info.de
https://www.elternwissen.com
https://www.angstselbsthilfe.de

Buchempfehlungen

Die Romantherapie für Kinder
Ella Berthoud und Susan Elderkin
Insel Verlag 2017

Huch, die Angst ist da! Wie sich Kinder und Eltern mit ihrem Angst-Monster aussöhnen können
Ulrike Légé und Fabian Grolimund
Hogrefe AG 2021

Stillsitzen wie ein Frosch: Kinderleichte Meditationen für Groß und Klein
Eline Snel
Goldmann Verlag 2013

Bildnachweis

S. 3, 13, 14, 19, 20, 22, 23, 25, 26, 28, 29, 31, 37, 41, 43, 45, 46, 49, 51, 55, 56, 58, 61, 64, 67, 72, 77, 82, 85, 86, 97, 100, 101, 103, 106, 111, 113, 114, 119, 127, 130, 137, 144 – Monster © mers1na/Shutterstock.com
S. 14 – Fragezeichen © Nikolaeva/Shutterstock.com, Gekritzel © MagicDogWorkshop/Shutterstock.com
S. 22 – Emojis © browndogstudios/Shutterstock.com
S. 23 – Säbelzahntiger © DIGITALIDAD/Shutterstock.com
S. 25 – Spielplatz © advent/Shutterstock.com
S. 28 – Zeichnungen in Gedankenblasen © Daniela Barreto/Shutterstock.com
S. 31 – Junge und Bazillen © advent/Shutterstock.com
S. 32 – Geist und Mädchen im Bett © advent/Shutterstock.com
S. 37 – Flipchart © advent/Shutterstock.com
S. 38 und 39 – Gehirne © Katrina Lee/Shutterstock.com
S. 44 – Hand © Panda Vector/Shutterstock.com
S. 46–48 – Sprechblasen © mhatzapa/Shutterstock.com
S. 49 – Stadtszene © Lemonade Serenade/Shutterstock.com
S. 51 – Dreieck © Plateresca/Shutterstock.com
S. 52–53 – Comicstreifen © Brosko/Shutterstock.com
S. 55 – Weltkugel © Ohmega1982/Shutterstock.com
S. 58 – Kind und Elternteil © advent/Shutterstock.com
S. 61 – Hund © advent/Shutterstock.com
S. 64 – Tisch © fire_fly/Shutterstock.com, Kristallkugel © H Art/Shutterstock.com
S. 67 – Gedankenblasen © NastyaBob/Shutterstock.com, Lotosblume, Kerze, Sonne © Daniela Barreto/Shutterstock.com
S. 68–70 – Gedankenblasen © NastyaBob/Shutterstock.com
S. 72 – Seilspringende Kinder © advent/Shutterstock.com, Sprechblase © mhatzapa/Shutterstock.com
S. 73 Schulmädchen © advent/Shutterstock.com
S. 75 Schuljunge © advent/Shutterstock.com
S. 76 und 77 – Klemmbretter © Paket/Shutterstock.com
S. 80–83 – Gedankenblasen © NastyaBob/Shutterstock.com
S. 82 – Hund © advent/Shutterstock.com
S. 85 – Weltkugel © Ohmega1982/Shutterstock.com
S. 87 – Kästen © ADELART/Shutterstock.com
S. 87 und 88 – Schere und gepunktete Linien © Evgeniy Belyaev/Shutterstock.com
S. 91 – Mädchen © advent/Shutterstock.com
S. 92 – Mädchen © advent/Shutterstock.com, Gedankenblasen ©NastyaBob/Shutterstock.com
S. 93 – Klemmbrett © Paket/Shutterstock.com
S. 94 – Schwimmender Junge – © advent/Shutterstock.com

S. 95 – Gedankenblasen © NastyaBob/Shutterstock.com
S. 96 – Klemmbrett © Paket/Shutterstock.com
S. 97 – Junge springt vom Sprungbrett © advent/Shutterstock.com
S. 98 – Klemmbrett © Paket/Shutterstock.com
S. 100 – Scheinwerfer © advent/Shutterstock.com
S. 103 – Junge spielt Computerspiel und Ball © advent/Shutterstock.com, Sprechblase © mhatzapa/Shutterstock.com
S. 104 – Junge beim Meditieren © advent/Shutterstock.com
S. 106 – Sprechblasen © mhatzapa/Shutterstock.com
S. 107–109 – Spiegel © advent/Shutterstock.com
S. 111 – Möhre an Schnur © advent/Shutterstock.com
S. 113 – Bett © advent/Shutterstock.com
S. 114 – Kinder © advent/Shutterstock.com
S. 119 – Gedankenblasen © NastyaBob/Shutterstock.com, Buch © trentemoller Shutterstock.com, Palette und Pinsel © Khabarushka/Shutterstock.com
S. 130 – Kinder © advent/Shutterstock.com
S. 131 – Gedankenblase © NastyaBob/Shutterstock.com
S. 132 – Fragezeichen © Nikolaeva/Shutterstock.com
S. 133 – Wellnessartikel © Daniela Barreto/Shutterstock.com

Ebenfalls bei Yes Publishing erschienen